KB151998

노무현의 꿈
이은희의 희망

노무현의 꿈

이은희의 희망

초판 1쇄 펴낸 날 / 2023년 11월 23일

지은이 • 이은희 | 펴낸이 • 임형욱 | 디자인 • 예민
펴낸곳 • 행복한책읽기 | 주소 • 서울시 종로구 창신11길 4, 1층 3호
전화 • 02-2277-9217 | 팩스 • 02-2277-8283
E-mail • happysf@naver.com
배본처 • 뱅크북(031-977-5953)
등록 • 2001년 2월 5일 제2014-000027호
ISBN 979-11-88502-28-8 03340
값 • 20,000원

노무현의 꿈
이은희의 희망

행복한책읽기

차 례

23년 동안 보아온 사람
이은희에 대한 믿음

지금으로부터 23년 전, 민주당 국민경선을 앞두고 이은희 여성 특보를 처음 만났습니다. 그때, 이 특보는 앳된 얼굴이지만 목소리는 유쾌하고 열정이 넘치는 35살 젊은 참모였지요. 벌써 시간이 이렇게 흘렀나 싶을 만큼 오랜 세월 동안 이은희 실장을 보아왔습니다.

이번에 노무현 대통령 시절에 함께했던 사업과, 공직자로서 조직의 혁신 성과를 책으로 출판한다니 반가운 마음으로 축하드립니다.

이은희 실장은 2001년 국민경선부터 지방선거, 대통령 후보 단일화, 대통령 선거운동을 함께해온 제일 참모입니다. 수행부터 일정, 의전, 경호까지 일당백의 역할을 해내면서도 늘 활기찬

6

모습이었지요. 친절하고 씩씩한 청년이었고 조직력과 상황 판단력이 뛰어난 여성 인재였습니다.

청와대에서도 그림자처럼 일하면서 업무추진력이 탁월했던 부속실장이었습니다. 일에 있어서 뿐만 아니라 사람들과의 관계에 있어서도 늘 겸손하고 공적태도가 바른 사람이었지요. 대통령께서도 크게 신임하셨습니다.

이은희 실장은 대통령과 제가 영부인 업무를 믿고 맡길 수 있는 유일한 참모였습니다. 대통령의 국가정책과 국정운영에 대한 이해도가 높고 정무적 판단력이 뛰어나 여성/청소년/어린이 사업과 사회문화, 환경복지 정책을 의제화하면서 영부인 업무의 기반을 만들었지요.

대통령께서 큰 공을 들였던 행정관리시스템인 'e-지원'을 빠르게 습득하여 업무매뉴얼을 만들고 앞장 선 것도 이은희 실장이었어요. 대통령과 함께하는 해외순방에서 영부인의 역할은 상대국의 문화를 존중하고 한국인의 활동과 한국문화를 홍보하는 것입니다. 이은희 실장은 외교부와 함께 '정부합동 답사단'으로 먼저 방문하여 외교 일정과 문화행사를 사전 준비하는 데도 부족함이 없었습니다.

이은희 실장은 두 말할 나위 없이 일 잘하는 일꾼입니다. 2005년 대통령 임기 중 최대의 국제회의였던 '부산APEC 정상회의' 실무준비단으로 참여하여 성공적인 행사 개최에 큰 몫을 하였습니다.

그 시절 지방 여러 도시가 앞다투어 추진했던 '책과 도서관' 사업에서 대통령직속 '도서관정보정책 위원회'를 만들기까지 대내외 사람들을 설득하고 조정하던 이은희 실장의 열정을 잊지 않고 있습니다.

제가 마을마다 '작은 도서관' 사업을 응원하게 된 것도 우리 이은희 실장의 공로가 큽니다.

이은희 실장은 부드러운 리더십으로 조직을 이끌어가는 사람입니다. 그동안 여러 공공기관의 공직자로 근무하면서 조직 혁신과 성과를 만들어가는 모습을 감탄하며 지켜보았습니다.

이 실장은 늘 문제를 해결하고 새 길을 열어가는 능력 있는 사람입니다. 이 실장이 정치를 한다면, 누구보다 잘할 사람입니다.

이제 노무현의 꿈과 비전을 전할 수 있는 이은희가 당당하게 세

상을 향해 나아가길 바랍니다. 여러분의 삶과 생활 속에서 함께 희망을 만들어갈 사람, 시민들과 함께 멀리 갈 수 있는 사람, 더불어 사는 사회를 만들어 나갈 수 있는 사람이 이은희입니다.

진실하고 바른 정치를 꿈꾸는 이은희의 새로운 여정과 힘찬 도전을 응원합니다.

2023년 11월
봉하마을에서
권양숙

노무현처럼, 이은희답게

노무현처럼, 이은희답게

김대중처럼 투쟁하고, 노무현처럼 바꿔야 한다. 자신의 온 생애를 바쳐 대한민국의 민주주의를 지켜냈던 김대중처럼 싸워야 한다. 자신의 기득권을 기꺼이 집어던지고 험지에서 지역통합과 민주주의 발전을 위해 목숨을 걸었던 노무현처럼 바꿔야 한다.

김대중의 정신이 살아있는 곳에 민주당의 뿌리가 있다. 노무현의 정치가 시작된 곳에 민주당의 미래가 있다.

지금은 눈치 보거나 침묵할 때가 아니다. 김대중처럼, 노무현처럼 투쟁할 때다.

나는 노무현의 사람이다. 나는 김대중 대통령의 인동초 같은 정치역정을 보며 자랐다. 노무현 대통령과 함께 정치를 시작했다. 나는 누구보다 먼저 노무현 대통령과 함께했고, 누구보다 가까운 자리에서 노무현 대통령 내외분을 모셨다. 나는 노무현 대통령의 비전, 협상력, 추진력, 그리고 그의 겸손과 따뜻한 인간미를 배우고 익히는 보람과 영광을 느꼈다.

이 책은 나의 삶에 최선을 다하며 살아온 이야기를 담았다. 나는 5남매의 장녀로 어린 시절부터 달동네 단칸 월세방을 전전하며 살았고 가난 때문에 서울여상에 진학했다. 직장을 다니며 공부해서 연세대학교에 입학했지만 5.18 광주민주화운동의 진실을 알게 된 후 학생운동을 시작했다. 그리고 연세대학교 초대 총여학생회장으로 활동했다. 나의 가난한 삶보다 군사독재정권의 만행을 끝장내는 일이 더 중요한 일이라고 생각했기 때문이다.

이 책의 1부에서는 이은희 정치의 중요한 시작이었던 노무현 대통령과 권양숙 여사를 만나 국민경선, 후보단일화, 대통령선거운동의 파노라마, 충격적인 노무현 대통령 서거 때의 아픔을 실었다.

2부에서는 노무현 정부의 성공을 위해 국민여론을 수렴하고 국민의견을 청취하는 권양숙 여사의 활동을 중심으로 해외순방 활동, 부산APEC 실무 준비, 도서관 사업의 성과, 여성 청소년사업 등 청와대의 업무추진 내용을 담았다.

3부는 마포토박이 정명수와 공덕장로교회에서 결혼해 두 아들을 낳아 키우면서 겪었던, 일하는 여성의 삶을 담았다. 그리고 아파트공동체 활동, 학부모운영위원, 마포구청 명예 감사관 등 새로운 정치의 영역인 풀뿌리 민주주의와 마포 지역 활동을 담았다.

4부에서는 중소상공인과 중소벤처기업의 판로 지원과 홍보를 하는 중소기업유통센터의 상임감사로서 조직문화를 개선하고 경영혁신을 추진했던 과정과, 환경보전협회의 경영관리본부장으로 취임하여 조직 재편과 인사, 성과향상을 위해 추진했던 과정을 담았다.

5부에서는 노무현 대통령 재임시에 개발과 환경보전의 갈등을 중재하며 설립된 국립생태원의 상임이사/경영관리본부장으로 기후위기 시대에 기관의 미션과 비전을 다시 수립하고 조직의 변화와 혁신을 추진했던 과정, 공공기관 경영실적평가 등급을 최고로 상향시켰던 그간의 노력과 성과를 담왔다.

청와대에서든, 공공기관 현장에서든 무심코 현실에 안주해 온 조직문화와 행동을 바꾸는 것은 결코 쉬운 일이 아니다. 그러나 **바꾸려고 하지 않으면 아무것도 바뀌지 않는다.** 바꿔야 바뀐다. 무언가를 바꾸려면 나부터 솔선수범해야 한다. 나부터, 우리부터 바꿔나가는 모습을 보면서 사람들은 움직이고 조직의 행동이 바뀌고 우리들의 미래가 좀 더 나은 방향으로 바뀐다는 것을 나는 생생히 경험했다.

역사를 왜곡하고 검찰독재가 기승을 부리는 이 암울한 상황에서도 나는 희망을 꿈꾼다. 나는 역사의 중요한 고비마다 물줄기를 바꾸었던 우리 국민의 지혜와 용기를 믿는다. 그래서 다가오는 선거에서도 위대한 국민들이 민주주의와 민생회복, 우리 아이들의 더 나은 미래를 위해 현명한 선택을 하실 것임을 확신한다.

나의 정치는 노무현의 꿈을 이어가는 것이다. '노무현처럼, 그러나 이은희답게' 나의 꿈은 노무현의 꿈, 국가의 미래 비전을 열어나가는 것이다. 깨어 있는 시민들과 함께 노무현처럼 올바른 정치, 오로지 국민의 삶, 이웃과 국가의 미래를 준비하고자 한다. 나는 지금껏 눈앞의 이익에 연연하지 않고 대의를 위해 헌신해왔다.

내 꿈은 노무현의 못다 이룬 꿈을 이루는 것, 그 꿈을 현실 정치에서 실현시키는 것이다. 국가의 미래 비전을 새롭게 열어가는 것이다.

2023년 늦가을에
이은희

1부

노무현을 만나다

굿바이 마이 캡틴

"이제 대통령직을 떠납니다. 한편으로는 시민의 지위로, 또 고향으로 돌아가는 것이지요. 사실 대통령 자리가 막중하고 영광스러운 것이 맞지만 또 매우 힘들고 어려운 자리이기도 합니다. 이제 이것을 떠나 돌아가는 것이니 홀가분합니다. 시민으로서 자유로운 생활에 대한 기대가 있고 고향으로 간다는 기대도 있어서, 요즘은 조금 설레는 기분입니다. 한편으로는 이제 정치를 안 하면 대결의 장, 경쟁의 장을 떠나는 것인 만큼 마음 편하게 없어지는 것 아닌가 하는 생각도 들고….”

- 노무현 대통령 못다 쓴 회고록 『성공과 좌절』 중

"엄마! 일어나요, 얼른.”

2009년 5월 23일…. 토요일 아침을 흔들어 깨우는 중3 둘째아들의 비명 같은 목소리에 놀라 혼곤한 잠에서 깨어났다.

순간적으로 어떻게 표현할 길 없는 느낌에 사로잡힌 나는 두
근거리는 마음으로 TV 앞으로 갔다.

'노무현 전 대통령 자살한 듯.'

뉴스 속보를 전하는 앵커의 흥분된 멘트가 웽웽거리며 귓
전을 때리는 순간 눈앞이 아득해지며 시간이 멈춰선 듯싶었
다. 설마 잘못 안 거겠지, 하면서도 심장은 쿵 내려앉으며 두
방망이질 쳤다. 그 상태로 얼마나 지났을까. 설마, 설마, 아니
겠지 하고 있는데 어느새 뉴스 자막이 바뀌었다.

'노무현 전 대통령 서거.'

**눈물이 쏟아지면서 머릿속이 텅 비어버린 것 같았다. 믿을 수 없
었다. 봉하로, 봉하마을로 가야 한다. 황급히 짐을 꾸려 서울역으
로 달려갔다.**

심신을 짓누르는 비통함을 헤집고 하나 둘 모여든 참여정
부 사람들이 모두 울고 있었다. 자책과 회한들이 몰려왔다.

"여러분은 이제 저를 버리셔야 합니다."

그 말을 접하고도 나는 왜 그 불면의 나날들을 함께 나누지
못하였을까? 검찰에 출두한 후 역사에 몸을 던지기로 결심할
때까지 대통령을 가까이서 보좌했던 나는 도대체 무엇을 했
단 말인가? 피켓 하나라도 집어 들고 검찰청사 앞에서 1인 시

위라도 했다면 이렇게 가슴이 아프진 않았을 것이다. 책을 읽을 수도 글을 쓸 수도 없을 만큼 힘겨웠던 그 시간을 나는 그저 숨죽인 채 지켜보고 있었을 뿐이다. 얼마나 외로웠을까?

당신은 너무 슬퍼하지 말라고 했지만 평생을 반칙과 특권에 맞서온 고단한 삶이 얼마나 힘들었을까? 당신은 누구도 원망하지 말라고 하였지만 대통령이 돌려준 권력이 비수가 되어 날아왔다는 생각에 분노를 금할 수 없었다.

참여정부 시절 참모들의 반대를 물리치고 검찰권의 독립을 위해 애쓴 대통령이다. 검찰 스스로 자율적인 권력기관으로 변화하길 열망했던 당신의 기대는 '정치적 타살'로 돌아왔다.

밀양에서 열차를 갈아타고 진영읍을 거쳐 봉하마을에 들어섰다. 사저는 텅 비었고 마을회관만 분향소 설치로 분주했다. 어스름 해질녘이 되자 청와대 식구들이 거의 다 도착하였다. **분향 인파도 본격적으로 밀려들기 시작하였다. 운구차가 양산병원에서 봉하 마을회관으로 들어온 시간은 6시 28분. 마을은 일순 울음바다가 되었다. 마을주민, 노사모 회원, 추모객 등 2000여 명이 가슴을 쥐어뜯으며 "대통령님, 대통령님"을 목놓아 불렀다.**

운구차에서 대통령의 관을 꺼내자 사람들은 땅바닥을 치며 통곡하였다. 시신을 빈소로 옮긴 후 유족들이 먼저 분향을 했다. 장남 건호씨는 눈물범벅인 채 절을 올리고는 한동안 일어서지 못하였다. 정연씨는 손을 부르르 떨면서 절조차 올리지 못하였다. 이어서 참여정부 국무위원들이 조문을 했다. 모두 고개를 들지 못한 채 어깨를 들썩였다. 일반 조문객들의 분향은 밤 9시 40분부터 시작되었다.

하지만 청와대 식구들에겐 눈물 흘릴 시간조차 없었다. 당장 장의 지원에 들어가야 했다. 과거 1·2부속실은 가족장례식장을 담당하기로 했다.

조문객을 맞고 있는 건호씨, 정연씨의 모습이 눈에 밟혔다. 특히 건호씨는 비통한 마음을 수습하지 못한 채 몹시 힘들어하고 있었다. 사촌들에게 식장을 맡기고 건호씨를 잠깐 쉬게 했다.

하지만 건호씨는 꾸역꾸역 차올라온 슬픔을 참지 못하고 끝내 울음을 터뜨렸다. 소리가 새 나갈까 봐 숨을 죽이며 흐느끼는데 애간장이 끊어질 것만 같았다. 애끊는 통곡이 오래도록 이어져 큰일 나겠다 싶어 달래기 시작했다.

"건호씨가 상주인데 이러면 어떡합니까? 아버님 마지막 가시는 길을 건호씨가 지켜야지요."

건호씨는 간신히 눈물을 추스리고 장례식장에 상주로 서

있었다.

권양숙 여사는 기력이 쇠해 음식물조차 넘길 수 없는 상태에 있었다. 그러나 극한의 상황에도 불구하고 권 여사는 대통령의 뜻에 따라 장례절차가 이뤄질 수 있도록 참여정부 인사, 봉하마을 주민들과 협의하였다. 장의 형식에 대해서는 처음에 가족장으로 치르자는 의견이 우세했으나 이해찬 총리와 주위의 권유를 받아들여 국민장으로 결정했다.

장지 역시 국립묘지와 봉하마을을 놓고 갑론을박이 벌어졌다. 권 여사는 봉하마을에 묘비를 세우는 게 좋겠다고 했다. **당장 여기저기서 전화가 빗발쳤다. 지금이야 봉하마을이 좋을 수도 있지만 세월이 지나 관리가 어려워진다는 우려가 대부분이었다. 그러나 권양숙 여사는 고인이 편안하게 쉴 수 있는 고향을 놔두고 굳이 국립묘지에 안장할 이유가 없다고 했다.** 노 대통령이 평소 당신이 태어난 봉하마을에 잠들겠다고 이야기해 왔다는 것이다. 그것은 대통령의 유지이기도 했다.
집 가까운 곳에 아주 작은 비석 하나만 남기라던 고인의 뜻대로 결국 장지는 봉하마을로 정해졌다.

장례기간 동안 봉하마을은 참여정부 청와대가 그대로 옮겨온 듯했다. 대통령을 모셨던 청와대 비서진은 운영위원회를 구성하고 자신이 맡았던 업무와 연관된 일을 찾아 나섰다. 누가 말하지 않아도 일정을 챙기고 조문객을 맞았다.

과거 총무비서관실 사람들은 질서유지와 지원시스템을 맡았다. 민정수석실 사람들은 자원봉사자들과 함께 조문객들이 불편한 점이 없는지 살폈다. 대변인실 사람들은 마을방송 마이크를 잡고 언론사 기자들을 상대하였다. 그리고 우리 1·2부속실은 가족, 친지 및 지인들을 가까이서 보살피며 7일간의 제례를 전담하였다

나는 마을부녀회 분들과 함께 고인에게 올리는 상식(上食)을 준비하였다. 상식은 매일 해 뜨기 전, 해 지기 전 두 차례 올리는데 이를 위해 새벽부터 일어나 음식을 장만하였다. 마을 주민들은 대통령이 생전에 좋아했던 음식을 차리기 위해 온갖 정성을 기울였다. 신선한 식재료를 구하려고 먼 데까지 장을 보러나가는 수고도 마다하지 않았다.

낮에 잠깐 비는 시간이라도 생기면 건호씨, 정연씨와 이야기를 나눴다. 건호씨가 아버지를 닮아 밝고 낙천적인 성격이라면 정연씨는 어머니처럼 차분하고 속이 깊은 사람이었다.

그런 정연씨가 아버지를 존경하지만 어머니를 홀로 남겨둔 아버지가 원망스럽다고 속마음을 비칠 때면 다시 눈물이 솟구쳤다. 어머니를 생각하는 딸의 마음이란 그런 것이리라.

이렇게 모든 사람이 일사불란하게 움직였지만 예기치 않은 실수도 일어났다. 우리는 영결식 전날 밤이 돼서야 신주를 미처 준비하지 못했다는 사실을 알아챘다. 화장을 한 다음 49재를 치를 때까지 대통령의 명복을 빌 위패가 마련되지 않은 것이다. 한밤중에 난리가 났다. 짧은 시간 동안 성의를 다하려면 일이 간단치가 않았다.

우리가 좋은 나무를 구하려고 애를 쓰자 권양숙 여사가 만류하였다. 격식을 싫어하는 고인의 성품을 고려해 평범한 가정에서 쓰는 일반 목재로 하라는 것.

문제는 글씨였다. 누가 써야 되나, 고심을 하던 찰나 한명숙 전 총리가 신영복 선생을 추천하였다. 자정이 넘은 시각에 우리는 결례를 무릅쓰고 선생에게 연락했다. 신영복 선생은 기꺼이 승낙하였다.

글씨는 영결식 당일인 29일 새벽에야 완성되었다. 이때부터 신주 공수작전에 들어갔다. 한쪽에선 선생의 댁에서 글씨를 받아오고, 다른 쪽에선 글씨가 들어갈 나무틀을 만들었다. 짝을 맞추기로 한 곳은 경복궁 영결식장. 한 치의 오차라도 있으면 신주도 없이 고인을 떠나보내야 했다. 대통령의 마지막 길에 누가 될까 싶어 우리는 모두 발을 동동 굴려야 했다.

그러나 글씨와 나무틀이 만난 곳은 시청 앞 노제 현장이었다. 영결식장의 경비가 삼엄하다 보니 차질이 빚어진 것이다. 결국 시청 앞에서 짝을 맞춘 신주는 사위인 곽상언씨의 손에 들려 수원 연화장에서 김해 정토원으로 모셔졌다. 그리고 49재를 치를 때까지 대통령을 사랑했던 수많은 사람들이 그 앞에서 고인을 추억할 수 있었다.

5월 29일 새벽 4시 40분, 동녘이 밝아오면서 봉하마을의 분향이 끝났다. 곧이어 발인제가 시작되며 국군의장대 병사들이 대통령이 잠든 관 위로 대형 태극기를 덮었다. **영정을 앞세우고 영구차가 마을회관 문을 나서자 장례기간 동안 슬픔을 누르고 묵묵히 일에만 전념하던 사람들이 울부짖기 시작하였다. 이제 마지막으로 대통령을 떠나 보내야했다.** 그동안 꾹꾹 눌러둔 슬픔이 마치 둑이 무너져 내린 것처럼 봉하마을을 휩쓸었다. 그 자리에서 탈진하는 사람들도 속출하였다.

권양숙 여사가 영결식에 가기 위해 가족과 함께 사저 대문을 나서자 기자들이 겹겹이 에워싸며 카메라 플래시를 터뜨렸다. 그런데 대통령이 그렇게 예뻐했던 손녀 서은이가 보이지 않았다. 여사님은 가던 길을 멈추고 서은이를 찾았다.

서은이는 나이답지 않게 영특한 아이다. 그러나 아무리 총명해도 삶과 죽음의 의미까지 알기엔 너무 어렸다. 사람들이 왜 우는지 이럴 땐 어떻게 해야 하는지 모든 것이 낯설고 신기한 광경일 뿐이었다. 천진난만한 미소로 할아버지를 찾는 서은이를 보면서, 여사님은 차마 고개도 들지 못하고 흐느끼고 있었다.

대통령의 영정이 사저 마당에 들어서는 순간, 의연하게 버티던 여사님이 비틀거렸다. 영정이 사저를 둘러보는 사이 바깥에서는 "대통령님"을 서럽게 부르는 통곡 소리가 끊임없이 이어졌다.

대통령의 영구차가 서서히 마을입구로 향하자 추모객들의 울음소리가 더 커져갔다. 추모객들은 발을 동동 구르며 "못 가십니다!" "보내드릴 수 없습니다!" 외쳐댔고 어느 아주머니는 영구차 앞에 엎드려 통곡을 하였다.

그때 노란 종이비행기들이 날아올랐다. 사람들은 "임을 위한 행진곡"을 부르기 시작했다. 울음 섞인 노래는 음정과 박자가 흐트러지더니 어느새 통곡의 합창으로 변하였다. 도로변에 늘어선 수백 개의 만장들도 흐느끼고 있었다.

그때 노사모 자원봉사지원센터 쪽에 모인 사람들이 뭔가를 가리키며 웅성웅성 하면서 더욱 크게 울었다. 눈처럼 투명하게 빛나는 새 한 마리가 사저를 빙빙 돌면서 날고 있었다.

나는 기독교인이지만 사람이 죽으면 새가 되어 자기 집을 찾는다는 속설을 들어본 적이 있다. 대통령이 우리들과 마지막 작별인사를 하는 것만 같았다. 나도 엉엉 소리내어 울었다.

기이한 일은 여기서 그치지 않았다. 시청광장에서 **노제가 시작되던 1시 30분경 프라자호텔과 덕수궁 사이의 서쪽 상공에 오색채운(五色彩雲)이 나타났다. 맑은 하늘에 뜬 다섯 가지 빛깔의 구름은 백년에 한 번 볼까말까 한 희귀한 풍경이라고 한다.**

건호씨의 귀띔으로 하늘을 바라보던 권양숙 여사는 말없이 고개를 끄덕였다. 그것은 노무현 대통령의 마지막 인사였다. 나도 오색구름을 보며 하염없이 눈물을 흘렸다.

'이제 정말 가시는구나.'

수많은 사람들의 눈물 속에서 노제가 끝나고 운구차를 따라 서울역까지 걸었다. 나도 7일간의 밤낮을 일과 눈물 속에서 어떻게 버텨왔는지 모르겠다. 땡볕 아래서 사람들에게 밀려다니다 보니 하늘이 점점 노래졌다. 다리가 풀려서 서 있을 수가 없었다. 서울역에 들른 운구 행렬은 곧장 수원 연화장으로 향하였고, 나는 운구 차량을 타지 못한 채, 길바닥에 주저앉았다. 비몽사몽 간신히 남편에게 연락해 집으로 실려왔다.

꿈인지 현실인지 모를 피곤한 상태에서 나는 대통령 내외를 처음 만났던 그 시절로 돌아가고 있었다.

노무현을 만나다

2001년 무렵 80년대 전대협(전국대학생대표자협의회) 세대의 최대 관심사는 1년 앞으로 성큼 다가온 16대 대통령선거였다. 당시 민주당에서는 이인제 의원이 유력한 대선주자로 떠오르고 있었다. 우리는 1990년 3당합당, 1997년 경선불복의 원죄에서 자유로울 수 없는 그를 민주개혁 세력의 대표로 내세울 수 없다는 데 의견을 같이 하였다.

나는 그 당시 마포에서 지역운동을 하며 지방의회 출마를 준비하고 있었지만, 김대중 정부를 계승할 민주당의 대통령 후보 문제는 더욱 중요한 일이었다.

2001년 2월 나는 전대협 출신들이 주축이 된 '한국의 미래 제3의 힘'이라는 단체의 운영위원으로 참여했다. 우리는 김근태 의원과 노무현 고문 두 사람에게 초점을 맞추고 토론을 거듭하였다.

김근태 의원은 우리나라 민주화 운동을 상징하는 대선배였다. 부인 인재근 선배 또한 운동권의 대모라고 불릴 만큼 신망이 높았다. 나도 1990년대 '서민통(서울민족민주통일연합)' 시민학교의 교무부장으로 일하면서 일년여 간 인재근 선배와 한솥밥을 먹었다. 이땅의 민주주의를 위해 헌신하며 살아온 두 분의 삶에 나는 늘 깊은 존경심을 가지고 있다.

노무현 고문은 5공 청문회 때 보여준 의기가 강렬한 기억으로 남아 있었다. **1998년 내가 처음으로 마포갑 지구당의 정책실장으로 입당하고 지방선거(아현3동 구의원)에 출마했을 때 만난 노무현은 어떤 정치인보다 서민적이고 꾸밈없는 사람이었다.** 거듭된 낙선에도 불구하고 오뚝이처럼 일어나 지역주의에 도전하는 모습을 보며 늘 그를 주목하고 있었다. '바보 노무현'은 새로운 정치희망의 아이콘이었다.

얼마 후 노무현 고문을 지지하는 최초의 정치단체로 '개혁연대'를 결성했다. 문성근, 이창동, 이용철, 복기왕 등이 주요 멤버로 노무현 고문 지지자들을 모았다.

그 무렵 내 마음속에는 한국정치의 광야를 불사를 한 점 불씨가 바로 노무현이 될 수 있다는 예감이 조금씩 자리잡았다. 나는 '노무현 고문이 민주당 후보로 선출될 때까지만'이라는 단서를 달고 함께 활동하기 시작했다.

그후에는 다시 마포로 돌아가 생활정치, 지역정치를 제대로 해보는 것이 나의 역할이고 '나의 길'이라고 생각했다.

우리가 준비한 첫 행사는 '전대협동우회 초청 간담회'였다. 노무현 고문과 전대협동우회 회원 20여 명이 얼굴을 맞대고 이야기를 나눴다.

그런데 분위기가 생뚱맞게 흘러갔다. 회원들은 노 고문이 민주당 후보로 적합한지가 궁금했다. 가시 돋친 질문들이 이어졌다. 동지들을 만난다는 편안한 마음으로 왔던 노무현 고문은 얼굴을 붉혔다.

"우리가 왜 고문님을 지지해야 합니까?"

"여러분은 내가 어떻게 살아왔는지 모릅니까? 이 시대의 과제가 뭔지 몰라서 묻는 건가요? 나는 권력이나 자리에 연연하지 않는 사람입니다. 판단은 알아서 하십시오."

간담회가 끝나자 회원들은 당황한 모습으로 서로의 얼굴을 쳐다보았다. 후보가 뭐 저래, 하는 표정들이었다. 그러나 나는 이해할 수 있을 것 같았다. 노무현 고문은 1981년 '부림사건'을 계기로 학생운동을 접하고 인권변호사의 길을 걷기 시작했다. 특히 87년 부산에서 6월항쟁을 거치며 사회운동, 노동운동에 깊이 참여하였다. 따라서 그는 동년배였던 70년대 운동가들보다는 1980년대 학생운동을 했던 우리 세대와 시대인식, 역사인식을 공유하는 인물이었다.

그는 누구보다 386세대를 이해하고 교감하고 있다고 생각했고 그날도 동지들을 만난다는 기분으로 왔던 것이다. 그 간담회에서 노무현 고문은 가시 돋친 질문일망정 다른 정치인들처럼 두루뭉술하게 받아넘기지 않았다. 정면으로 맞받아치며 끓어오르는 열정과 진정성을 토해냈다.

1998년 새정치국민회의 마포갑지구당에서 노무현 대통령과의 첫 만남

나는 오히려 그의 투박한듯 가식 없는 모습에서 진실한 정치인의 모습을 보았다. '그래, 바로 이 사람이야.' 나는 김근태가 아닌 노무현을 선택했다.

9월엔 노무현 고문의 대권도전 선언에 맞춰 부산 후원회 행사에 참석하였다. 그날 저녁 해운대 바닷가에서 개혁연대와 부산지역 학생운동 선후배들과 인사를 나누었다. 정윤재, 송인배, 최인호 등이 자리를 함께해 대통령선거에 어떻게 참여할지 밤샘토론을 벌였다.

안희정 선배로부터 연락이 온 것은 그로부터 1주일 쯤 지난 뒤였다.

안 선배는 금강캠프에 여성특보로 합류해 줄 것을 요청했다. 금강캠프에 가보니 이광재, 윤태영, 김만수, 여택수 등 학생시절부터 알고 지내던 사람들이 많이 있었다. 1988년 국가보안법 위반혐의로 구속됐을 때 나를 취재했던 유종필(당시, 한겨레기자)씨는 한눈에 나를 알아보고 반가워했다.

노무현 고문은 여전히 소탈한 모습으로 "고맙습니다. 제가 미인 앞에서는 말을 잘 못 하는데…. 아무쪼록 많이 도와주십시오." 하며 반갑게 맞아주었다.

나는 우선 여성조직을 관리하면서 민주당내 부인행사와 여성계 일정을 잡고 노무현 후보를 홍보하기 시작했다. 여성행사의 경우, 과거 여성단체 추천으로 지방선거에 출마했던 인연을 되살려 직접 단상에 서서 노무현 후보 지지연설을 했다. 그리고 여성계의 노무현 후보 지지 서명운동을 전개해 나갔다. 그러나 다른 후보 진영에서는 후보 부인들이 직접 행사장을 누비고 있었다. 여성특보 한 사람이 후보 부인을 대신하기에는 역부족이었다.

당시 권양숙 여사는 대외행사 참석을 거의 하지 않았다. 노무현 후보도 부인의 대외활동을 적극 권하지 않아서, 참모들은 발만 동동 구르고 있었다. 후보가 참석해야 할 일정이 많아지면서 후보 혼자서는 동시다발적인 행사들을 다 참석할 수 없었다. 노무현 후보를 지지하는 현역의원도 한 명 없었다.

권 여사는 워낙 조용한 성품이었고 정치행사에 나서기를 매우 꺼려하셨다. 벌써 몇명의 참모 소개에도 퇴짜를 놓고 두문분출하셨다. 하지만 국민경선이 코앞에 닥친 시점에서 권 여사의 활동은 불가피했다.

12월 초가 되자 안희정 선배와 함께 권 여사를 만났다.

"아주 미덥고 당찬 친구입니다. 여사님이 활동을 잘 보좌할 인재입니다. 이제는 후보를 도와주십시오."

"정치는 후보와 참모들이 하는 일 아닙니까? 나는 그런 일은 잘 못 합니다."

남편이 큰 뜻을 세우고 일을 도모하고 있는데, 가장 큰 힘이 되어야 할 후보 부인의 냉랭한 모습에 나는 당황스러웠다. **오직 노무현이라는 사람의 정치적 이상과 뜻에 감동하여 활동비조차 없이 자원봉사하는 사람들도 많은데 정작 후보 부인은 도통 관심이 없는 듯했다. 후보 부인이 돕지 않는데 과연 대통령 후보가 될 수 있을까 의심스러웠다.**

흔들리던 내 마음을 확실하게 다잡은 것은 12월 10일에 열린 『노무현이 만난 링컨』 출판기념회였다. 노무현 후보에 이어 단상에 오른 배우 문성근이 사자후를 토했고 출판기념회장은 눈물바다로 변했다.

"여러분, 왜 이 시대에 노무현이어야 합니까? 노무현은 자리에 연연하지 않습니다. 되지도 않을 일에 거푸 도전합니다. 그가 이런 바보 같은 행동을 하는 이유가 무엇입니까? 지역

통합이라는 이 시대의 가장 큰 난제를 해결해야 우리가 한 걸음 더 앞으로 나아갈 수 있기 때문입니다. 그래야 우리가 자녀들에게 떳떳한 아버지, 어머니가 될 수 있기 때문입니다."

그것은 감동 그 자체였다. 마치 정치적 세례를 받은 느낌이었다. 노무현 고문을 대통령 후보로 만들기 위해서는 반드시 권 여사를 설득해야겠다고 마음을 다졌다. 당장 1월부터는 전국 곳곳에서 시도당별 당원대회가 열릴 예정이었기 때문에 서둘러야 했다.

나는 다음 날부터 혜화동에 있는 노무현 후보의 자택으로 출근하기 시작했다.

또 한 분의 어머니를 만나다

혜화동의 아담한 연립주택 안으로 들어서자 단정한 모습의 권양숙 여사가 나를 맞아주었다. 거실 한 벽면은 책들로 빼곡한 서재가 있고 베란다 쪽에는 난과 화분들, TV 옆에는 가족 모두가 함께 사용하는 컴퓨터가 있었다. 아담하고 따뜻한 거실 분위기와 차분한 권 여사의 모습이 참 잘 어울렸다.

나는 간단하게 금강캠프 현황과 다른 후보 부인들의 동정을 전하였다. 권 여사는 선거 이야기가 부담스러운 듯 식사준비를 하며 일상적인 생활이야기를 하셨다. 나는 이모님(권 여사의 언니)과 함께 설거지도 하고, 할머니(권 여사 어머니)의 어깨도 주물러 드리고, 건호씨와 정연씨와도 반갑게 인사를 나누었다. 두 사람은 정치인 아버지를 둔 덕에 이런저런 고민도 많았을 테지만 반듯하게 장성한 모습이 인상적이었다.

그렇게 시간을 보내고 저녁이 되면서 다시 권 여사를 설득했다.

"저도 내년에 지방의회 출마준비를 하던 중이었는데, 먼저 노무현 고문을 돕고 있습니다. 하지만 참모들 백명이 있다 해도 후보를 대신할 수 있는 사람은 후보 부인밖에 없습니다. 노무현 고문은 꼭 대통령 후보가 되어야 합니다. 도와주십시오."

며칠 뒤 권 여사가 전화를 했다.

"새해부터는 일정을 잡아보세요. 여러 가지 걱정이 많이 되는데 노력해 봅시다."

우리 참모들 모두가 기대하고 있던 권양숙 여사가 마침내

2005년쯤 영부인 집무실에서 보고중. 여사님과 함께

후보 부인으로 활동을 시작했다. 아마도 노무현 고문도 많이 부탁하지 않았을까 싶다.

권 여사와 나는 그날부터 대통령에 당선되는 날까지 쉼없이 전국을 다니며 선거운동을 했다.

2002년 1월이 되자 전국에서 동시다발적으로 당원단합대회가 열렸다. 후보가 홍길동도 아니고 동에 번쩍 서에 번쩍 모든 행사에 참석할 수는 없었다. **보통 후보가 참석하지 못하는 행사는 지지하는 현직 국회의원이나 후보 부인이 가야 하는데 우리는 국회의원이 없었다. 결국 후보 부인에게 그만큼의 일정 부담이 실릴 수밖에 없었다.**

후보 부인으로서 권 여사의 일정은 시작됐지만 초보운전자가 길을 찾느라 도로에서 헤매기도 하고 행사장에 늦게 도착해 당황하기도 했다. 하지만 무엇보다도 후보 부인을 수행하는 사람이 나 혼자뿐이라 보좌에 어려움이 많았다.

나는 여성특보로서 여성지지 조직을 만드는 일도 계속해야 했고, 후보 부인의 일정점검과 조정, 행사현장에서의 수행과 비상시를 대비한 경호역까지 도맡아 처리하였다. 또 하루 일정을 마치면 **그날 만난 사람들의 명단을 정리하고 기억에 남는**

사항을 메모하는 한편, 행사장의 주요한 내용이나 관계자의 민원 등을 처리했다. 물론 아침, 저녁으로 열리는 캠프 회의도 빠짐없이 참석해야 했다.

행사장에 도착하면, 지역안내자를 통해 현장의 상황을 점검하고 후보 부인이 면담할 사람과 중요한 메시지를 점검하고, 이동 동선을 파악하며, 빠짐없이 인사 나눌 수 있도록 운전비서와도 미리 의논해 두었다.

때로는 중요행사장에 후보 부인의 자리가 제대로 준비되지 못한 경우도 있는데 이때는 운전비서가 의자를 준비해 좌석을 마련하도록 일러두고 권 여사가 참석자들과 인사를 더 나눌 수 있도록 시간을 끌어야 했다.

강원도 인제에서는 이런 일도 있었다. 그날 행사는 이인제 후보의 지지자들이 많이 모여 세를 과시하는 분위기였다. 마침 우리가 도착하기 직전에 이인제 후보의 부인이 차에서 내렸는데 수행원도 많고 의상도 화려해서 한눈에 알아 볼 수 있었다. 이인제 후보의 지지자들이 그 후보의 이름을 연호하면서 열기가 쉬이 가시지 않았다.

우리는 조금 더 기다렸다가 차분하게 입장하였다. 입구에서 악수를 나누는데 조금 전과는 달리 시큰둥한 느낌이 손끝으로 전해지는 듯했다. 행사장 안은 특정 후보의 독무대였다. 이인제 후보의 부인은 연단에 올라 배석자들을 소개하고 칭찬하며 박수를 유도했다. 연설은 남편인 이인제 후보보다 더 열성적이고 잘하는 것처럼 느껴졌다. 후보 부인이 아니라 후보로 착각이 들 정도였다.

권양숙 여사는 "참 활달하고 말씀도 잘 하신다"고 칭찬하셨다. 그러나 대다수 사람들의 느낌은 이게 아닌데, 싶은 표정이었다.

이윽고 권 여사의 차례가 돌아왔다. 여사는 따뜻하고 차분한 목소리로 간략한 인사말씀을 드렸다.

"여러분, 만나서 반갑습니다. 강원도에 이인제 후보를 지지하는 분들이 많으셔서 말씀드리기가 많이 어렵습니다. **누구를 지지하든 우리는 모두 김대중 대통령님을 모시고 있는 당원들입니다. 누가 후보가 되든 한마음 한뜻으로 뭉쳐 다가오는 대선에서 꼭 이겼으면 좋겠습니다. 경선과정에서 서로 격려하고 도와주면서 함께 승리하는 민주당을 만들어 나가도록 노력하겠습니다.**"

짧은 연설이었지만 정성과 진심이 담긴 인사말에 우렁찬 박수가 쏟아져 나왔다. 입장할 때의 느낌과 달리 연설 후의 박수소리는 우호적이었다.

작은 소란이 일어난 것은 행사가 끝나고 퇴장을 하던 순간이었다. 몸집이 큰 아주머니 한 분이 "노무현이 한 게 뭐가 있어" 하고 고함을 지르며 달려들었다. 순간적으로 나는 그분을 가로막아 섰고 다른 사람들이 도와서 그분을 제지했다. 권 여사도 순간적으로 놀라셨을 것이다.

"은희씨, 무섭지도 않아요?"

"무섭기는요. 후보 부인한테 달려들어 행패를 부리려고 하는데…."

"아깐 경호원 같던데? 보좌도 아무나 하는 게 아닌 것 같아."

권양숙 여사와 나는 이런저런 우여곡절들을 겪으며 신뢰를 쌓아 나갔다. **언젠가부터 권 여사가 편안히 마음을 열고 내 의견을 존중하기 시작했다. 이렇게 되자 캠프에서도 여사의 일정에 관한 한 전적으로 나에게 판단을 맡겼다. 나 역시 책임감을 느끼고 일정을 주도면밀하게 짜기 위해 노력했다.** 권 여사가 나로 하여금 더 열심히 일하게 만든 셈이다.

일정을 짤 때 가장 머리 아픈 것은 조직팀과의 협의조정이다. 조직팀 사람들은 대개 자신이 잡은 일정에 후보나 권 여사가 꼭 참석해주길 원한다. 그래서 때로는 행사참석자의 숫자를 의식적으로 부풀려 말하기도 하는데, 서로 열심히 하려는 열정이 지나치다 보면 후보의 중요한 시간을 빼앗을 수도 있었다.

나는 여러 지인 등을 통해 일정에 대한 사전정보를 확인하고 점검해서 문제의 소지가 있거나 사람을 동원한 듯한 모임이나 행사는 배제하였다. 또한 일정을 잡고 행사참석 여부는 임의대로 결정해서는 안 된다고 생각했다. 불참할 경우엔 이유와 근거, 우려사항 및 나의 의견 등을 권 여사에게 말씀드렸다. 전체적으로 권 여사는 신중한 일정조정과 정치적 판단, 업무추진력을 미덥게 생각하셨고 신뢰했다.

내가 자신의 이해관계가 아니라 오로지 여사를 위해 일하려고 애쓴 데는 개인적인 공감대도 작용하였다. 권양숙 여사는 가난 때문에 학업을 제대로 마치지 못한 분이다. 나 또한 가난한 집안에서 태어나 서울여상을 졸업했다. 직장을 그만두고 대학에 가기 위해 주경야독하던 어려운 시절이 있었다.

여사의 아픔을 충분히 공감할 수 있었다.

당신이 정치인의 아내임에도 불구하고 대선후보 부인 활동에 나서는 걸 거절하였던 데는 이런 이유도 있었을 것이다. 남편이 변호사, 국회의원, 대선후보로 뜻을 펼쳐나갈수록 당신은 더욱 답답하지 않았을까? 행사장에서 만나는 다른 후보 부인들은 명문대 출신에 집안도 좋은 편이었다. 그런 사람들과 비교하여 평판에 오르내리는 것이 그다지 마음 편한 일이 아니었을 것이다.

그러나 권 여사 연배에서 학력은 본인의 능력보다 대부분 가정 형편에 따라 결정되기 일쑤였다. 공부해서 대학에 가고 싶어도 가정 형편이 어려우면 공장에 나가 돈 벌어야 하고, 결혼해서 아이 낳고 키우다 평생을 보내는 것이 대부분 우리 어머니 시대의 삶이었다. 어찌 보면 부모님 세대의 그런 희생이 있었기에 우리 세대가 대학교육도 받고, 더 나은 환경에서 살 수 있게 된 것이 아닐까?

권양숙 여사에 대해 조금씩 더 알게 되면서 나는 이분을 더 잘 모셔야겠다고 생각했다. 어느새 권 여사는 내 가슴 속에서 또 한 분의 어머니로 자리잡았다.

가까이서 본 권 여사는 감정 조절과 상황 판단력, 그리고 사람을 대하는 능력이 탁월하였다. 위기 상황에서도 당황하지 않고 늘 침착했다. 말수는 적지만 한두 마디를 해도 흡인력이 있었다. 게다가 집안에만 있던 주부라고 하기엔 사회적 감각이 뛰어났다. 권 여사는 '뉴스 마니아'였고 신문을 즐겨보신다. 아침 6시부터 라디오 뉴스를 틀어놓고 아침준비를 할 뿐 아니라 하루에 서너 개의 신문을 챙겨보고 저녁 9시 뉴스는 꼭 시청했다. 나중에 알게 된 사실은 남편이 정치를 시작하면서 몸에 밴 습관이라고 했다.

3월부터는 민주당 국민경선이 본격적으로 시작되었다. 제주도에서 출발한 경선레이스는 광주에서 중대한 전기를 만들었다. 우리 캠프와 노사모는 부지런히 광주를 누비며 절박하게 사람들을 만났다. 노 후보는 자신을 통해 동서화합을 이루어달라고 열정적으로 호소하였다.

"제가 광주에서 이긴다고 생각해보십시오. 이게 얼마나 큰 빛이 겠습니까? 저 신세 갚겠습니다. 저뿐만 아니라 저를 지원해준 많은 영남사람들이 여러분의 손을 함께 잡을 것입니다. 그러면 동서화합이 됩니다."

결국 광주에서 우리는 기적 같은 승리를 일구어냈다. 경선이 끝난 후 '임을 위한 행진곡'을 부르면서 후보도 울고 지지자들도 울고 모두가 울어버렸다. 그것은 한 편의 드라마였다. 그날을 기점으로 경선의 승부추는 노무현으로 완벽하게 기울었다.

대세론이 꺾인 이인제 후보가 노무현 후보의 흠집 잡기에 나선 것은 그 즈음이었다. 4월 초에 '노무현 장인 좌익 활동 논란'이라는 제목으로 보도자료를 내고 해명을 요구하였다. 그 내용은 "노무현 고문의 장인이 한국전쟁 당시 좌익 활동을 한 혐의로 형을 살다가 옥중사망했다"는 것이었다.

인천에서 선거운동을 마치고 서울로 이동하는 와중에 캠프에서 전화가 왔다. 이인제 후보가 이런 주장을 하는데 권양숙 여사의 사실 확인이 급히 필요하다는 것이었다.

권 여사에게 이야기를 전했지만 아무런 말씀도 없었다. 여사는 창문 쪽으로 고개를 돌리고 말없이 바깥 풍경만 바라보았다. 교통정체로 차는 거북이 걸음인데 전화는 2~3분 간격으로 빗발치듯 쏟아졌다.

"여사님, 아무래도 답을 해줘야 할 것 같습니다."

"아무 대응도 하지 말라고 하세요."

그것은 평생동안 아무에게도 말하지 못한 권양숙 여사의 가슴 아픈 가족사였을 것이다. 나는 더 이상 물어볼 수 없었다. 캠프에는 사실 확인을 할 수 없다, 아무 대응도 하지 말라고 당부하고 전화기를 껐다. 서울까지 오는 두 시간 여가 얼마나 길게 느껴졌는지 모른다.

이윽고 혜화동 자택에 도착한 권 여사는 아무 말씀도 없이 집으로 걸어 들어가셨다. 남북 분단, 전쟁의 고통, 좌우익의 대결…. 이 모든 것들이 아직도 여전히 살아있는 사람들의 가슴에 깊은 상처로 남아 있었다.

4월 27일 국민경선 승리 후 5월 3일 노무현 대통령 내외,
건호·정연씨와 함께 선산묘소를 참배하다

그날 밤 노 후보와 권 여사는 어떤 이야기를 나누었을까? 아마도 권 여사는 자신의 가족사로 인해 남편에게 누가 될까 가슴아팠을 것이다. 하지만 후보 역시 자신이 후보로 나서지 않았다면 아내가 고통스럽지 않았을 거라는 생각으로 미안했을 것이다.

노 후보의 이런 심중은 며칠 후 인천 경선에서 불을 뿜는 연설로 나타났다.

"저는 아내와 결혼했습니다. 그리고 아이들 잘 키우고 지금까지 서로 사랑하면서 살고 있습니다. 뭐가 잘못됐습니까? 이런 아내를 제가 버려야 합니까? 그렇게 하면 대통령 자격이 있고 이 아내를 그대로 사랑하면 대통령 자격이 없다는 것입니까? 이 자리에서 여러분이 심판해 주십시오."

나는 가슴이 벅차올라 눈물을 참을 수 없었다. 이인제 후보가 색깔론을 자극하여 노무현 후보를 궁지로 몰아넣고 이겨 보려고 했지만 노무현 후보는 정면돌파를 선택한 것이다.

그 연설로 인해 전국의 아내들과 국민들은 감동의 눈물을 흘렸다고 한다. 그것으로 선거는 사실상 끝난 것이나 마찬가지였다.

4월 27일 드디어 국민경선 마지막 날이 밝았다. 서울경선이 열리는 잠실체육관에 권 여사는 하얀색 투피스 정장을 입고 나타났다.

이미 노무현 후보의 승리는 확정되어 있었다. 국민참여 경선의 각본 없는 드라마, 뜨거운 대역전극의 주인공은 '바보 노무현'이었다.

후보님, 사과하지 마세요!

금강캠프에서 민주당사로 이사할 때 우리는 새로운 희망으로 부풀어 있었다. 우리가 꿈꾸던 원칙과 통합의 사회를 향한 첫걸음을 내딛는 기분이었다. 하지만 당사에 짐을 풀어놓자마자 그게 아니란 사실을 깨달았다.

당내엔 이인제 대세론이 꺾인 것에 대한 허탈감이 팽배해 있었다. 그래서인지 새로 선출된 당의 대통령 후보를 보아도 건성으로 대하기 일쑤였다. 보다 못해 우리가 먼저 인사하며 분위기를 바꿔보려고 했지만 쉽지 않았다. 노무현 민주당 대통령 후보를 만든 금강캠프 사람들은 민주당사 8층에 떠있는 외로운 섬처럼 느껴졌다.

노 후보와 권 여사는 국민경선이 끝나자마자 한 달 정도 남은 지방선거에 뛰어들었다. 나는 권 여사와 함께 김민석 서울시장선거 지원을 나섰는데 선거 결과는 참패였다. 민주당은 극심하게 요동쳤다. 국민경선을 마치고 후보가 된 지 한 달 만에 실시한 지방선거에서 대통령 후보의 책임을 물으며 후보를 죄인취급하는 분위기였다.

당장 후보교체론이 고개를 들었고 안팎에서 노무현 후보를 흔들기 시작했다. 가슴에서 열불이 났다. **우리라도 후보를 지키겠다고 여기저기서 사람들이 모여들었다. 이런 마음들이 이심전심으로 퍼져나가며 10월에는 개혁국민정당이 세워졌다.**

그러나 분위기를 반전시키고 대선에서 승리하려면 월드컵 열풍으로 떠오른 정몽준 후보와의 단일화는 반드시 넘어야 할 산이었다.

당시 여론조사 지지율을 보면 노무현 후보가 정몽준 후보에게 10% 이상 뒤지고 있었다. 그러나 노 후보는 'TV토론 1회 후 여론조사' 방식을 전격적으로 수용하였다. 마침내 11월 25일에 후보 단일화 여론조사가 실시되었다. 피가 마르는 순간이었다. 그런데 그날 밤 노무현 후보는 시내 호텔에서 코까지 골면서 잠을 잤다고 한다.

권양숙 여사에 따르면 노무현이라는 사람은 절체절명의 순간일수록 안절부절 하기보단 모든 것을 내려놓고 휴식을 취한다고 했다. 사법고시 합격자 발표 날에도, 국회의원 선거의 당락이 결정되는 날에도 피곤을 풀어내듯이 푹 잠을 자고 있었다고 한다. 그날도 예외가 아니었다. 저녁 9시 무렵에 늦은 식사를 마치고 곧장 잠자리에 들었다.

당시 수행비서였던 여택수의 말로는 여론조사 결과 극적인 승리를 했음에도 곤하게 자고 있는 후보를 깨울 수가 없어서 기다렸다고 한다. 당사로 출발할 시간이 되어서야 자리에서 일어났는데 **결과를 듣고는 빙긋이 웃기만 했다고 한다. 노무현 특유의 유머가 작렬한 것은 엘리베이터를 타고 내려오는 순간이었다. 노 후보는 수행비서를 껴안으며 이렇게 말했다.**

"아, 또 선거운동 하러 가야 하네."

후보 단일화 이후부터 권양숙 여사는 정몽준 후보의 부인인 김영명씨와 함께 선거운동을 다녔다. 권 여사는 인물도 성격도 나무랄 데 없는 김영명씨를 마치 여동생처럼 친근하게 여겼다. 불교계 행사에 참석할 때면 마룻바닥에 불편하게 앉아 있는 김씨를 위해 손수건과 무릎덮개를 전해주기도 하였다.

대통령선거 투표 전날 부산 서면로터리에서 있었던 마지막

유세도 김영명씨와 동행했다. 김씨 덕분에 현대백화점 전층을 누비며 유권자들과 인사를 나누고, 서울로 올라오는 비행기를 탔다. 나는 김포공항에서 당사로 향했다. 때마침 후보도 종로 유세를 마치고 당사로 들어왔다.

그때 누군가 사무실로 뛰어 들어오며 다급한 목소리로 뉴스를 보라고 외쳤다. "후보 단일화 철회!" 벼락을 맞은 기분이었다. 삽시간에 전화가 빗발치고 후보실로 사람들이 밀어닥쳤다. 당의 중진의원들은 후보실로 들어가자마자 문을 걸어 잠갔고 기자와 지지자들은 문을 두드리며 후보를 불렀다. 나는 두근거리는 심장박동을 느끼며 그 자리에 얼어붙고 말았다.

'이제 끝났구나. 이걸 노리고 철회했구나.'

후보실 안의 풍경이 그려졌다. 중진들은 정몽준에게 찾아가 '후보 단일화 철회'를 되돌려야 한다고 압박했을 것이다. 그러나 나는 원칙도 상식도 없는 정치풍토에 고개를 숙여선 안 된다는 생각뿐이었다.

'차라리 대통령 안 하는 게 낫다. 여기서 끝내는 게 낫다. 철회한 사람에게 가서 사정하고, 손잡고 대선에서 이긴다 한들 제대로 된 국정 운영을 할 수 있겠나' 싶었다.

1시간쯤 후에 후보가 방에서 나왔다. 중진 의원들에게 떠밀려 나오는 듯했다. 복도에서 민주당사 앞까지 사람들이 점점 모여들고 있었다.

분하고 괘씸한 마음에 심장이 두방망이질 치고 눈물이 솟구쳤다. 나는 복도 쪽으로 다가가 큰 소리로 외쳤다.

"가지 마세요! 사과하지 마세요! 우리 힘으로 합시다!"

노무현 후보가 나를 보더니 싱긋 웃으며 지나쳐갔다. 행선지는 정몽준의 집이었다.

그러나 그날 밤 노 후보는 끝내 정몽준을 만나지 못하고 발걸음을 돌려야 했다. 문전박대를 당한 것이다. 그런 후보의 모습을 보니 피눈물이 날 것만 같았다. 그 순간 집에서 이 장면을 보고 있을 권양숙 여사가 떠올랐다. 그 길로 혜화동으로 달려갔다.

"너무 걱정하지 마세요. 아마 우리 국민들이 이 천하에 말도 안 되는 장난을 그냥 두지 않을 겁니다."

그날 밤 많은 사람들이 그랬듯 나 역시 밤새도록 문자와 메일을 날렸다. 인터넷엔 후보 단일화 철회에 대한 비판여론이 들끓으며 서버마다 과부하가 걸렸다. 그 모습을 보면서 나는 삐뚤어진 한국정치를 바로잡고자 하는 국민의 열망을 읽을

수 있었다. 새벽녘까지 잠을 설치다 주문을 외듯 나지막이 읊
조렸다.

"믿자, 우리 국민을 믿자. 반드시 이긴다."

드디어 12월 19일 아침이 밝았다. 나는 내외분을 투표장까지 수행하고 나서, 나 역시 소중한 한 표를 행사하고 부리나케 사무실로 들어갔다. 간밤에 태풍이 지나간 느낌이었다. 하루종일 한 사람 한 사람 투표독려 전화를 했다. 이제 남은 일은 기도하는 마음으로 투표 결과를 기다리는 것뿐이었다.

6시 정각에 투표가 마감되자 방송국 기자로부터 전화가 한 통 왔다. 출구조사에서 3% 차이로 이겼다는 것이었다.

말로는 표현할 수 없는 감동이 밀려왔다. 다른 방송국의 출구조사 결과도 속속 들어왔다. 근소한 차이지만 모두 노무현 후보가 이기는 것으로 나타났다. 6시 30분. 떨리는 마음을 추스르며 권 여사에게 말씀 드렸다.

"당선을 준비하셔야 할 것 같습니다."

나는 노무현 후보의 혜화동 자택으로 미용사를 부른 다음 새로운 각오로 국민과 만날 의상을 골랐다. 아홉시 전후가 되자 방송화면마다 '노무현 후보 당선 유력' 자막이 뜨기 시작

했다. 모처에서 휴식을 취하고 있던 노 후보는 아홉시 반에 합류했다. 내외분을 모시고 당사에 도착한 순간 여의도는 지축을 뒤흔드는 환호성과 노란색의 물결로 축제 분위기에 휩싸였다.

대통령 당선자의 신분으로 국민과 만나고 있는 노무현 대통령 내외를 보며 나는 만감이 교차했다. 내 생애에 이런 날이 또 있을까?

지옥과 천국을 오갔던 스물네 시간의 끝에는 한국 정치사에 길이 남을 반전이 기다리고 있었다. 그날 따라 밤하늘에 떠 있는 북극성이 더욱 밝게 빛났다.

흙과 나무를 닮은 부부

노무현 후보가 대통령에 당선되자마자 내가 준비해야 할 첫 번째 일은 일주일 남은 장남 건호씨의 결혼식이었다. 권양숙 여사는 청와대에 들어가기 전에 아들과 딸이 배필을 맞는 모습을 보고 싶어했다. 자녀들의 삶에 권력의 그림자가 어른거리는 것을 경계하였던 것이다.

건호씨의 결혼은 이미 대통령 선거와 상관없이 진행되고 있었다. 그 시작은 6월 지방선거에 참패하고 당 내외에서 후보교체론이 고개를 들던 7, 8월 무렵이었다.

"올해 안으로 결혼시킬 생각이네."

"아무래도 선거결과를 지켜봐야 하지 않을까요?"

"낙선하면 결혼하는 데 아무 문제 없고…. 당선되었을 때를 생각하면, 빨리 결혼시키는 게 낫지."

건호씨의 결혼은 사돈과 가까운 가족들만 알고 극도의 보안을 유지한 채 조용히 준비되었다. 결혼 날짜는 12월 25일, 장소는 연세대학교 동문회관으로 정하였다.

나는 연세대 김우식 총장에게 협조를 부탁했다. 김 총장은 내가 연세대에 재학할 당시 학생처장으로 인연을 맺은 분이었다. 대통령 선거결과와 관계없이 진행할 예정이니 보안을 지켜달라고 신신 당부하였다.

청첩장도 보내지 않았다. 꼭 참석할 가족, 친인척, 지인 등의 명단만 따로 확보해두었다. 마침내 12월 19일 당선이 확정되자마자 청첩장을 발송하고 개별적으로 전화를 넣었다. 물론 정치인이나 관직에 있는 사람은 한 사람도 부르지 않았다. 하지만 발 없는 말이 천리를 간다고 했다. 이삼일 사이에 소문이 쫙 퍼졌다.

문의전화가 빗발쳤다. 한쪽에선 가족들만의 작은 행사니 오지 마시라고 정중하게 양해를 구하였고, 다른 쪽에선 신부 측이나 참석자들에게 불편함이 없는지 두 번 세 번 확인했다. 일주일만에 정신없이 치른 장남 건호씨의 결혼식은 금강캠프의 마지막 행사였다.

결혼식을 마치자 궁금한 생각이 들었다. 권 여사는 당선을 예감하고 아들의 결혼식을 일찌감치 서둘렀던 것은 아닐까?

사실 불교계에선 대통령 선거를 앞두고 그런 이야기가 많았다. 권양숙 여사는 다른 정치인 부인들과 달리 불교계를 표밭으로 다진 적이 없었다. 대통령 선거 기간에 처음으로 사찰을 돌며 스님들을 만난 것이다. **하지만 권 여사는 워낙 불심이 깊은데다 늘 정성과 예를 다하여 스님들을 뵙고 절을 올렸다. 사찰에 갈 때면 은은한 회색 계통의 정장차림을 하셨고 경건하고 신중하셨다.**

얼마 되지 않아 스님들 사이에서 권 여사 덕분에 노 후보가

2008년 2월 대통령 퇴임 직전 봉은사에 방문해 퇴임인사를 드렸다. 여사님, 며느리와 함께

당선될 것이라는 이야기가 흘러나왔다.

2002년 10월엔 조계사 종정 법전 스님이 권양숙 여사에게 '대덕화(大德華)'라는 법명을 지어줬다. '대덕화(大德華)'는 불교계에서 굉장히 귀한 이름으로 육영수 여사의 법명이기도 하였다. 법전 스님은 권 여사의 관상이 남편이 큰 길을 여는 힘이 될 것이라고 했다.

나는 관상에 대해서는 잘 알지도 못하고 깊이 생각해본 적도 없다. 다만 노무현 대통령과 권양숙 여사의 경우 함께 있는 모습을 보면 조화를 이룬다는 느낌을 많이 받았다. **시대를 앞서나가는 노 대통령의 이미지가 차분하고 단아한 권 여사로 말미암아 안정감을 얻는 것 같았다. 노 대통령이 하늘을 향해 쭉쭉 뻗어가는 나무라면 권 여사는 뿌리를 내리게 하고 물과 양분을 공급해주는 토양이었다.**

노무현 대통령과 권양숙 여사의 보완적 관계는 청와대에 들어가서도 이어졌다. 노 대통령은 가끔씩 주변의 보좌진들에게 "우리 집에는 무서운 사람이 있다"고 농담을 하였다. "그 사람은 제 아내인데 그렇게 보지 말라는 조선일보를 보면서 나를 훈계한다"는 것이었다.

앞에서도 이야기했지만 권 여사는 여러 종류의 신문과 방송을 즐겨듣는 뉴스 마니아였다. 대통령에게 비판적인 신문의 시각과 논조도 우리 사회의 또 다른 인식을 대변하고 있으니 꼭 보아야 한다고 생각하고 있었다. 선거는 끝났고, 대통령은 국민 전체의 목소리를 아우르는 것이 국정이라고 생각했기에 가끔씩 쓴소리도 했던 것 같다.

그러나 노 대통령은 소신과 원칙에 대해서는 고개를 숙이지 않았고 논쟁을 하더라도 쟁점을 피하지 않는 스타일이었다. 취임 초 대통령은 기득권을 대변하는 몇몇 보수언론과 전선이 형성돼 있었다. 그러다 보니 대통령이 현장의 상황과 분위기를 고려해 위트를 섞어 한 말도 적대적인 언론사들은 전후 맥락을 무시한 채 특정대목만 끄집어내 보도하였다.

영부인은 대통령과 언론의 싸움으로 인해 일반국민에게 국정이 제대로 전달되지 않고 부정적인 이미지가 심어지는 것을 염려했다. **그래서일까? 권 여사는 영부인으로서의 활동이 되도록 언론에 오르내리지 않도록 하였다. 대통령을 둘러싸고 말이 많은 것도 영부인으로서 숨이 막히는 일이었다. 당신까지 빌미를 주어서는 안 되겠다고 생각한 것이다.**

이것은 권양숙 여사를 보좌하는 내 입장에선 어려운 일이었다. 영부인 활동을 널리 알려도 주요 이슈와 기사에 파묻히는 경우가 많은데 가능한 홍보하지 않는 입장이니 여성계나 국민들이 답답해하지 않을까 하는 걱정 때문이었다. 하지만 나는 권 여사의 입장을 충분히 이해할 수 있었다.

권 여사는 사람을 대할 때 상대방을 포용하고 이해하는 마음이 깊은 분이었다. 상대에 대한 배려가 몸에 배어 있는 분이었다. 당신이 꺼리는 일도 자신이 부족해서 못 한다고 표현하지 싫어한다고 말하지 않는다.

가까이 모시면서 느끼는 것은 권 여사는 상대에 대한 인정, 경청, 포용력, 설득력이 탁월하신 분이었다.

내외분은 서로 다른 스타일이지만 닮은 점도 많다. 노무현 대통령은 보여주기 위해 연출하는 것을 태생적으로 못 하고, 하고 싶어하지 않았다.

예를 들면 선거 때마다 목욕탕에 찾아가 때를 밀어주고, 재래시장을 돌아다니면서 악수하고 껴안는 것을 부당한 정치활동이라고 보았다. 민생의 어려움이 있다면 어떻게 해결할지 의견을 수렴하고 정책으로 만드는 것이 중요하다는 것이다.

그래서 참모들이 이따금 재래시장 방문일정을 잡으려고 하면 가서 사진 몇 장 찍고 이미지에 호소하는 게 무슨 정치냐며 수용하지 않았다. 대통령 선거 때 방영된 '노무현의 눈물' CF도 문성근의 연설에 진짜로 눈물 흘리는 장면을 찍었기 망정이지 아마도 연출하자고 했으면 거부하였을 것이다. 이미지도 고려해야 할 참모들로서는 곤혹스러울 수밖에 없었다.

이 점에서는 권양숙 여사도 마찬가지였다. 현장을 방문할 때 그곳 분위기에 맞춰 자유롭고 캐주얼한 복장을 권해도 항상 투피스나 바지 정장에 반듯한 스타일을 즐겼다. 당신의 기준에서는 꾸미고 연출하는 모습보다는 있는 그대로의 일관된 이미지를 유지하는 것이 더 중요하다고 생각하셨다.

하지만 대통령 내외의 소박한 참모습을 국민에게 보여주기란 쉽지 않은 일이었다.
2003년 3월 청와대로 출근하기 시작한 나의 가장 큰 고민도 두 분의 진정성을 국민의 삶 속에 전달하는 문제였다.

2부

청와대 제2부속실에서

인간적인, 너무나 인간적인

2003년 2월 25일 마침내 제16대 대통령 취임식이 열렸다. 대통령과 영부인은 자녀를 모두 출가시키고 단출하게 두 분만 청와대에 입주했다. 관저는 청와대 안 고즈넉한 곳에 자리 잡고 있었다.

그날 밤 내외분이 관저로 들어가는 모습을 보고 불빛 하나 없는 깜깜한 길을 혼자 걸어 내려왔다. 광야에 홀로 남겨진 기분이었다. 그 순간 나도 이런데 큰 짐을 짊어진 대통령과 영부인은 어떠실까 걱정되었다.

'청와대 터는 기가 세다는데 잠자리가 편안하셔야 할텐데.'

청와대는 크게 본관, 비서관, 영빈관, 춘추관으로 구성되어 있다. 대통령의 집무실은 본관 2층, 영부인 집무실은 본관 1층에 있으며 1층에는 내외국빈 접견과 국무회의 등을 위한 대중소 크기의

접견실, 회의실 등이 있다.

청와대에서 내가 근무한 곳은 영부인의 활동을 보좌하는 2부속실이다. 2003년에 취임과 함께 선임행정관으로 시작해 2005년부터 2부속실장으로 근무했다.

영부인은 독자적인 예산과 방대한 조직을 운영하지는 않는다. 주로 대통령의 주요 정책분야 중 국민의 생활과 직결되는 복지, 문화, 교육, 여성, 아동청소년 등에 관심을 두고 현장의 여론을 수렴하고 대통령의 정책방향을 전달한다.

이런 분야들은 큰 틀의 정책제시만으로 원하는 성과를 얻기가 힘들다. **2부속실은 일반 국민들의 의견을 수렴하거나 현장을 답사해 구체성을 살리기 위해 노력하였다. 정부의 손길이 미치지 않는 생활현장의 애로사항이나 새로운 아이디어를 발굴하고 민원을 청취했다.**

영부인이 관심을 가지고 추진하는 사업은 비서실과 협의해 정책방향에 맞추어 우선순위를 조율하고 예산에 반영한다. 이때 2부속실은 연차별 계획을 세워서 이행여부를 점검하고 비서실로부터 보고를 받는다.

무슨 일이든 새로 시작할 때는 통과의례를 겪게 마련이다.

우리를 기다리고 있었던 건 경호실과의 기싸움이었다. 출입구, 비서동, 본관 입구, 본관 1층에 이르기까지 계속적인 신원 확인과 물품검색 과정을 거쳤다. 처음엔 그러려니 했는데 한 달 내내 계속되자, 경호상의 절차도 중요하지만 다소 지나치다는 생각이 들었다.

"우리는 대통령이 가장 믿는 사람들입니다. 불필요한 과정은 생략해도 되지 않을까요?"

"대통령을 가까이서 모시는 비서실이 협조를 안 하면 VIP를

2003년 가을 청와대 본관 1층에서 2부속실 직원과 가족경호부장, 권양숙 여사와 함께

경호하기가 어려워집니다."

이 사안은 윗선으로 올라갔다. 결국 대통령이 나서야 했다.

"지나치게 엄격한 신분검색 절차는 다시 검토하되 비서실은 경호업무에 적극 협조하세요."

대통령과 영부인은 당신들의 소박한 모습대로 청와대를 바꿔나가기 시작했다. 그렇다고 청와대 안에서 거창한 개조공사를 벌였던 것은 아니다. 일상생활 속에서 권위주의의 옷을 벗고 사람냄새 나는 문화를 만들어나간 것이다.

대통령 내외는 직위와 직급에 관계없이 아랫사람에게 꼬박꼬박 존대를 하였다. 청와대는 비서관, 경호관, 보좌관, 장차관뿐만 아니라 많은 사람들이 다함께 일하는 곳이다. 요리사, 청소부, 목수, 운전사, 군인, 경찰들이 곳곳에서 묵묵히 자신의 소임을 다하고 있었다.

대통령은 고위공무원들이 원칙과 기준 없이 일할 때는 단호한 어투로 문제를 지적하셨다. 그러나 하위직 직원들에게는 언제나 겸손한 자세로 대하셨다. 틈틈이 직원 식당에 찾아오셔서 직원들과 함께 식사를 하며 여러 가지 의견도 들으면서 불편한 사항은 직접 챙기셨다.

청와대 들어가서 한 달이 채 안 됐을 무렵이다. 출근길에 소나기가 내렸는데 누군가 우산을 씌워주었다. 그분은 박정희 대통령 시절부터 청와대에서 근무해 오신 목수 아저씨였다. 청와대 생활만 햇수로 30년. 대한민국 권력의 영욕을 지켜봐 온 역사의 산 증인이었다. 나는 영부인께 목수 아저씨 이야기를 해드렸다.

며칠 후 대통령께서 그분을 만났다.
"청와대에서 제일 높은 분이 계신 줄 모르고 인사가 늦었습니다."

권위주의를 청산하려는 노력은 일반국민의 청와대 관람 문턱도 낮췄다. 청와대는 국민의 정부 김대중 대통령 시절부터 일반국민에게 개방되었다. 참여정부에서는 본관 앞길과 녹지원 산책로까지 관람코스를 확대하고 가족관람 제도와 온라인 예약제를 도입하였다.

그 결과 하루 평균 750여 명이 청와대를 찾았고 3년 8개월 만에 관람객 100만 명을 돌파했다. 대통령은 차를 타고 지나다가 관람객들을 보면 차에서 내려 관람객들과 악수를 하고 환담을 나누기도 하였다. 그럴 때마다 경호실은 바짝 긴장했다.

대통령 행사에서도 권위주의 장막을 걷어냈다. 과거에는 행사에 참석하려면 검색하고 기다리는 데 하루종일이 걸리는가 하면 예행연습까지 반복시켰다. 그러나 참여정부에 접어들면서 기본검색을 하고 번호표를 받으면 바로 행사장으로 입장할 수 있게 되었다.

대통령을 접견할 때 반경 몇 미터 안으로 접근하지 못하게 했던 것도 편안하게 했다. 대통령의 신임장을 받는 거리를 좁혀 수여자가 지나치게 허리를 굽히지 않고 자연스럽게 인사하도록 했다. **오히려 의전상으로 보면 상대방보다 먼저 고개를 깊이 숙여 인사하는 대통령의 습관을 바꾸는 것이 더 어려운 일이었다. 처음엔 쑥스러워하던 대통령도 이 부분은 의식적으로 바꾸어 나갔다.**

대통령이 외부일정을 나설 때도 지나친 차량통제로 시민들을 불편하게 하는 일이 없도록 하였다. 그전엔 대통령 차량이 지나가면 양방향 도로를 막고 30분 가량 교통신호를 통제했다. 그러나 참여정부 시절엔 대통령 의전차량이 지날 때 잠깐 동안 진행방향의 차량만 통제하여 과도한 교통신호 통제를 하지 말라고 지시했다.

그러다 보니 경호실 입장에선 애로사항이 많았다. 경호요원들은 차량이 멈춰 설 때마다 신경이 곤두서야 했다. 그래서일까? 과도한 교통신호 통제를 하지 말라고 했지만 경호상 위험성이 많아 통제시간이 길어지고 있는 듯했다. 어쩔 수 없이 일정한 통제수준은 유지하고 있는 듯했다. 러시아워 때는 가능한 차량 대신 헬기를 주로 이용하곤 했다.

행사뿐만이 아니라 대통령이 주재하는 각료회의나 수석회의에도 관계된 비서관, 행정관들까지 배석했다. 회의에 참석하는 사람들은 누구나 차와 커피 등은 스스로 타서 먹었다. 대통령은 또한 청와대 본관 회의에 참석하기 어려운 비서실 직원들과 자주 만나기 위해 대통령회의실을 비서동으로 옮겨 자주 실무회의를 주관하기도 했다.

사무실에서는 일회용 종이컵 대신 각자의 컵을 준비해서 여직원들의 소소한 일감을 줄여나갔다. 여직원회의를 통해서 일상적인 업무보조의 문제점 등을 대통령에게 직접 보고하는 일도 있었다.

대통령 내외는 또 청와대에서부터 서민과 사회적 약자, 지역과 중소기업의 고통을 분담하기 위해 노력했다. 청와대에 들어갈 때도 서민경제의 어려움을 감안해 식기나 가구를 일체 바꾸지 않았다.

청와대 내 건배주도 와인 대신 독특한 아이템들이 등장했다. 우유파동이 터지면 우유가, 귤값이 떨어지면 감귤주스가 식탁에 올랐다. 때로는 관저 뒤편 텃밭에서 키운 매실을 담가 내놓기도 했다.

청와대 관람객들을 위한 기념품은 총무비서관실 소관이었지만 영부인 직속인 제2부속실에서 1년마다 총괄 점검했다. **볼펜, 열쇠고리, 핸드폰줄 등 주로 싸면서도 간편하게 사용할 수 있는 상품을 준비했다. 그리고 명절 선물은 특정 기업이나 지역이 아니라 해마다 지역별 특산품을 골고루 돌아가며 선택했다.**

청와대 기념품이나 선물은 대통령 마크가 들어가고 소량으로 생산하기 때문에 이윤이 별로 남지 않았다. 그러나 아이디어가 좋은 중소기업의 경우 상품과 브랜드를 홍보할 수 있는 절호의 기회이기도 했다. 그밖에 테이블 꽃은 저렴하고 소박한 화훼를 주로 이용하고 시들지 않도록 잘 보관해서 몇 차례 사용할 수 있도록 관리했고 사무용 비품이나 접대용 케이크,

과자류는 장애인 생산품을 구매하도록 하였다.

참여정부의 청와대 풍경은 대통령과 영부인으로 인해 인간적인 풍모를 자아내기 시작했다. 대통령은 공식 일정 외에는 늘 소탈하고 활달한 성격이셨다. **업무를 마치고 관저로 돌아갈 때는 콧노래를 흥얼거리며 앞장서곤 했다. 뒤따르던 비서진에게 재미있는 이야기나 질문, 퀴즈를 내기도 하고, 시중의 떠도는 개그나 농담을 던지기도 했다.**
"청와대 안에 토끼가 몇 마리나 있는지 알아요?"
"까마귀는 왜 깍깍 울까요?"
"저 나무의 이름이 뭔가요?"

노무현 대통령은 모든 '얼리어답터'들이 대개 그렇듯 궁금한 것이 생기면 파고들지 않고는 직성이 풀리지 않았다. **청와대의 전자정부 솔루션인 '이지원시스템'도 노 대통령의 역작이었다. 탄핵기간 두 달 동안 당신은 관저에 갇힌 답답한 마음을 독서와 전자정부 연구에 쏟았다.**
이지원시스템은 업무관리, 인사관리, 정보관리, 문서관리를 체계화시킨 투명하고 선진적인 시스템이었다. 문서관리 시스템을 예로 들자면, 문서실명제를 채택해 원문서를 누가 작성

했는지, 어떤 경로를 통해 수정되고 삭제, 보고되었는지 모두 파악할 수 있다. 상급자가 하급자의 성과를 가로챌 수 없었다.

청와대 안에서 대통령이 국정과 정책현안에 대한 토론과 시스템을 구축해 나갔다면 영부인은 다양한 국민여론을 수렴하고 경청하며 조용하게 청와대 안살림을 챙겼다.

권 여사는 사람을 대하는 것이 진득하였다. 영부인의 전속 헤어디자이너는 88년 서울에 처음 올라왔을 때부터 이용하던 미용실에서 만난 인연으로 대통령선거를 거쳐 청와대까지 이어졌다. 아들인 건호씨의 초등학교 학부모모임으로 만난 친구 분들 역시 오래도록 편하게 만나는 분들이다. 사람을 건성으로 넓게 만나는 스타일이 아니라, 한 사람을 대하고 만나더라도 진중하고 정성을 다하는 분이었다.

대통령과 영부인의 주소지는 청와대였지만 서민의 삶을 살았다. 굳이 일부러 재래시장과 포장마차에서 연출하지 않아도 평범하고 일상적인 서민의 삶이 생활화되어 있는 분들이었다. 청와대의 운영관(주방장)은 호텔 요리사 출신이었다. 청와대 오찬과 만찬행사는 한식, 중식, 서양식 중에서 다양한 음식이 준비되어 나온다. 하지만 관저의 식탁은 영양을 고려한 깔끔하고 정량화된 음식을 소박하게 내온다.

그럼에도 두 분은 옛날에 먹던 된장찌개, 김치찌개의 맛을 그리워했다. 대통령 내외의 평상시 간식은 고구마, 감자, 옥수수 등이었고, 여름철에는 당근, 오이, 무 등을 곱게 자른 생야채였다. 가끔 입맛이 없거나 출출할 때는 얼큰한 라면을 끓여 맛있게 드셨다.

대통령과 영부인이 생활하는 관저는 직계가족들, 1·2부속실, 경호실만 출입하는 곳이었다. 아들딸을 출가시킨 후 단출하게 두 분만 들어가신 관저생활이어서 임기 첫해에는 적적하실까 걱정이 되었다.

그러나 2004년 초 첫 손녀가 태어나고 연이어 외손녀가 태어나면서 아들 며느리, 딸 사위가 방문하는 날이면 관저도 분주했다. 노무현 대통령은 애초 첫 손녀의 이름을 '노생금'이나 '노다지'로 진지하게 고민하셨다고 한다. 그러나 며느리인 배정민씨의 완강한(?) 반대로 노서은이 되었다.

해가 늦게 떨어지는 여름날 저녁 무렵 관저 안뜰에는 손녀와 할아버지가 과자를 놓고 아웅다웅 다투는 장면도 볼 수 있었다. 대통령과 손녀딸 서은이었다.

공식일정을 일찍 마친 날에는 대통령이 자전거를 운전하면서 뒤에 연결한 카트에 손녀딸을 태우고 녹지원을 천천히 돌아 산책하는 모습을 가끔 볼 수 있었다. 녹지원 너머로 어린아이의 천진한 노래 소리가 청와대에 울려퍼졌다.

"산토끼 토끼야 어디를 가느냐, 깡총깡총 뛰면서…"

2006년 초, 여사님의 생신날 직원들과 함께 여사님 생신축하와 선물전달중

'이은희'는 없다

영부인은 정책 분야를 떠나 우리 사회의 음지에서 아픔을 겪거나 눈물을 흘리는 사람들을 살피기 위해 노력했다. 사회안전망의 사각지대에 놓인 약자와 소수자를 배려하는 따뜻한 손길이 되고 싶어했다.

뉴스 마니아였던 권 여사는 단신기사라도 그런 가슴 아픈 사연에 주목하였다. 그러나 영부인이 직접 나서면 요란스러운데다 당신 스스로 언론에 노출되는 것을 경계하였던 탓에 2부속실에서 조용히 처리해야 할 일이 많았다.

2005년 2월 빙판사고를 당한 차량의 운전자를 구한 뒤 뒤따르던 승용차에 치여 숨진 설동월씨 부부 사건이 그랬다. 설씨 부부의 죽음으로 세 살 난 아이만 세상에 홀로 남겨졌으나 증거자료와 증빙서류가 부족해 의사자 처리가 지연되고 있었다.

나는 설씨 부부의 유가족을 통해 사건의 정황을 보다 구체적으로 전해듣고 유사한 상황에서 의사자로 인정받은 사례를 검토했다. 그리고 설씨 부부에 대한 의사자 진행과정을 보건복지부와 협의했다.

위급한 상황에서 타인의 생명을 구하다 희생당한 설씨 부부의 의로운 행동에 대해 말로만 칭찬할 것이 아니라 사회와 국가가 남겨진 가족을 따뜻하게 보살피고 관심을 기울여야 한다고 생각했다. 친인척의 손에 홀로 남겨진 어린아이가 건강하게 자랄 수 있도록 적극적인 노력을 기울였다.

설씨 부부는 심의위원회를 거쳐 보건복지부의 의사자 승인을 받았고, 국가로부터 보상금이 지급되어 아이가 성장할 때까지 교육비 혜택을 받을 수 있게 되었다.

영부인은 또 청소년기에 가정형편이나 주위여건 때문에 배움의 기회를 놓쳤다가 만학의 꿈을 안고 학업에 뛰어든 사람들에게 각별한 애정을 나타냈다. 당신 역시 가난 때문에 학업을 마치지 못한 아쉬움을 가지고 있었다. 나는 틈날 때마다 무학여성들의 배움터를 방문해 격려할 수 있도록 일정을 만들어나갔다.

2006년 1월엔 한 살 때 소아마비 장애인이 됐다가 마흔이

홀쩍 넘은 나이에 평생교육시설에서 졸업장을 받고 아동복지학과에 진학한 양진수씨(당시 46세, 여)의 이야기를 권 여사에게 보고했다. 권양숙 여사는 축전을 보냈다.

"만학으로 여대생이 되심을 축하드립니다. 장애 아동들이 당당하게 꿈을 키울 수 있도록 돕겠다는 꿈을 꼭 이루시기 바랍니다."

양씨가 졸업장을 받은 곳은 강서구에 있는 성지중고등학교로 당시 1300여 명이 만학의 열정을 불태우고 있었다. 그런데 권 여사가 축전을 보낸 사실이 알려지자 성지중고등학교 학생과 교사들의 편지가 줄을 이었다. 편지 하나하나에는 애절한 사연과 감회가 담겨있었다.

"중학교 교복도 입어보지 못한 한과 늘 아쉽기만 했던 졸업장. 시시때때로 흐르는 피눈물로 살다가 너무나 늦은 나이에 이 학교에서 학업을 마치고 졸업을 합니다. 백발이 된 나이로 지하교실에서 공부하는 우리 성지중고등학교 꼭 시찰해주세요."(전규화, 당시 77세, 여)

"저는 한 여자의 남편이며 두 아이의 아버지입니다. 40년 이상 맺힌 한을 풀기 위해 이 학교에 왔습니다. 다 늦은 나이지만 못다 한 공부의 한을 풀면서 지금 얼마나 살맛나고 좋은

지 모르겠습니다."(정규남, 당시 57세, 남)

일주일 사이에 100여 통의 편지가 날아왔다. 나는 영부인
이 졸업식에 참석하여 격려하는 것이 큰 응원이 될 것이라고
생각했다. 2006년 2월 권양숙 여사는 강서구민회관에서 열린
성지중고등학교 졸업식에 참석하여 그들을 위로하고 격려했
다.

"희수를 바라보는 연세에 배움의 소망을 이뤄내신 어르신
들, 남편과 자식 뒷바라지로 미뤄왔던 진학의 꿈을 성취해낸
어머님들, 그리고 어려운 여건에서도 꿋꿋하게 학업에 정진
해온 우리 청소년들, 모두가 아름답고 자랑스러운 오늘의 주
인공들입니다."

평생교육에 대한 영부인의 애정은 한국방송통신대학교 명
예후원회장 활동에서도 드러났다. 방송대와 권 여사의 인연
은 **2004년 2월 노 대통령과 함께 이 대학 학위수여식에 참석하면
서 시작되었다. 이 자리에서 대통령은 "여러분이 기회가 균등한
사회, 학벌 없는 사회의 증거"라고 졸업생들을 격려하였다.**
지금은 평생학습 시대다. 배움에는 때가 있다는 말도 이제
는 옛말이 되고 있다. 일생을 통해 끊임없이 지식을 쌓고, 능

력을 키워야만 하는 시대인 것이다. 따라서 만학의 꿈을 펼치는 그들은 우리 사회의 훌륭한 본보기다. 현실이 아무리 어렵고 힘들더라도 의지와 노력만 있다면 기회는 열려 있다는 것을 증명해 주기 때문이다.

이런 사람들을 위해 배움의 길을 넓혀주는 것이 국가가 할 일이다. 이처럼 정직하고 성실하게 살아가는 사람들이 꿈과 희망을 가질 수 있는 사회를 만드는 게 정부의 역할이 아닐까.

그러나 영부인의 성지중고등학교 졸업식 참석으로 인해 나는 원망 섞인 말을 듣기도 했다. 내가 오래도록 거주하고 인연을 맺어온 마포에도 평생교육시설이 있다. 40여 년의 역사와 전통을 자랑하는 양원주부학교다.

그곳에 근무하는 분은 내가 마포를 잘 알면서 영부인의 학교방문을 권하지 않았다고 섭섭함을 토로했다. 밖에서야 언론보도, 축전, 편지로 이어진 방문과정을 알 수 없기에 서운함이 느껴질 법도 했다.

실제로 나는 양원주부학교가 지역사회에 공헌하는 바가 얼마나 큰지, 누구보다 잘 알고 있었다. 문제는 당시 내가 나의 연고 관계를 중심으로 대통령 내외를 모실 수는 없는 일이었다. 내 이름으로 정치를 할 때는 지역에서 사회공헌 활동을 하는 단체들과 협력하고 의논할 수 있을 것이다. 그 역할에 대하여 스스로 책임질 수 있기 때문이다. 그러나 대통령 내외를 모시는 동안엔 나의 지인과 나의 연고 관계가 아니라 대통령의 정책과 사회적 관심, 전체적인 관점에서 일을 진행해야 한다는 내 기준을 철저히 지켰다.

청와대 비서실, 그중에서도 대통령 내외와 지근거리에 있는 부속실의 고충이 여기에 있다. 어떤 이들은 부속실을 '문고리 권력'이라고 표현하기도 한다. 권력자로 향하는 문고리를 잡고서 자신의 뜻에 따라 열었다 닫았다 한다는 뜻이다. 권력의 크기는 거리와 비례한다고 생각하고 있기 때문이다.

그래서 더욱 부속실 직원은 철저히 자신을 경계하고 절제해야 한다. 예를 들어 영부인에게 민원이나 정보를 전달할 때도 **객관적 정황을 상세히 파악하고 구체적 근거와 이유를 분명히 확인 해야 한다.** 매사에 사적 관계나 사심이 들어가지 않도록 노력하면서 대통령내외의 눈과 귀를 대신할 수 있어야 한다.

자신의 사적 관계나 업적과 이익은 배제해야 한다. 그래서 나는 항상 나의 의견과 동시에 반대되는 입장에 대해서도 상세히 보고하였다. 특히 대통령 내외의 접견이나 행사참석 등은 더욱 민감한 사항이다. 언제 누구를 만나고 대화하고 참석하느냐 하는 것은 중요한 국정업무의 일환이기 때문이다.

나의 인맥과 이해관계가 얽히는 순간 빛이 바래기 쉽다. 따라서 영부인을 모시는 동안에는 '나의 관계는 없다'고 생각하면서 일해 왔다.

나는 청와대에 들어가서 일하는 것보다 마포에서 지방자치와 생활정치를 계속하고 싶었지만, **청와대에 있는 동안에는 가족이나 친구, 지역 등 나의 개인적 관계는 일체 관여하지 않았다. 오직 대통령의 성공적인 국정수행과 영부인을 제대로 보좌하는 것만이 유일한 목표였다.** 그것이 대통령 내외분을 모시는 올바른 자세라고 믿었다.

그러다 보니 일상적인 가족생활뿐 아니라 집안모임이나 친구모임도 대부분 참여하지 못했다. 어릴 적부터 오랫동안 만났던 친구들은 당분간 만나지 않아도 많은 것을 이해해 줄 수 있었지만 마포 지역 사람들이나 당원들은 서운한 기색을 보이기도 했다.

"청와대 가더니 얼굴 한 번 안보이네?"

"일 마치면 자주 뵙고 인사드리겠습니다."

하지만, 청와대 일을 마치고 나와 보니 직분에 충실했던 나의 태도가 가까운 분들에게는 꽤나 서운했다고 한다. 높은 자리에 있을 때 가까운 사람들을 좀 챙겼어야지 하는 말을 많이 들었다. **'남이 하면 불륜이고, 내가 하면 사랑'이라는 말처럼 일반적인 공직자가 사적 관계에 있는 사람을 유리하게 대우하면 잘못했다고 지탄하면서도 자신과 관계된 사람이 공직자가 되면 뭔가 혜택받기를 원하는 마음이 있는 게 사실이다.**

그러나 나는 청와대에 근무하며 '이은희의 이름', '이은희의 관계'가 아니라 공익을 위한 공적 업무에 충실했던 것을 자랑스럽고 당당하게 생각한다. 왜냐하면 다시 그 자리의 일을 한다고 해도 여전히 그렇게 일하는 것이 옳다고 생각하기 때문이다.

공직자는 자신의 사적 이익과 업적이 아니라 공익에 복무해야 하고, 권력과 지위를 누리는 것이 아니라 성실히 자신의 업무를 수행해 국민의 이익에 봉사해야 하기 때문이다. 그리고 내가 생각한 경계와 절제가 최선의 덕목이었음을 지금도 확신하기 때문이다.

아직까지 섭섭한 마음이 풀리지 않은 분들도 언젠가는 내 마음을 이해해 줄 것으로 믿는다.

사실 내가 가장 미안하고 고마운 사람은 나의 남편과 두 아들이다. 아내로서 부족함이 많음에도 불구하고 늘 격려하고 이해해 주었던 남편과, 엄마로서 중요할 때 곁에 있어주지 못하고 챙겨주지 못했음에도 건강하고 반듯하게 성장해 준 우리 두 아들에게 지면을 빌려서나마 고마움을 전하고 싶다.

내가 가장 미안하고 고마운 사람, 사랑하는 두 아들과 남편

지구촌에 꽃피운 한국인의 긍지

　제2부속실의 주요업무 중 하나가 해외에 우리 문화를 알리고 한국의 자부심을 드높이는 일이다. 참여정부 기간 동안 대통령 내외는 여러 차례 해외순방을 다녀왔다.

　5년 동안 방문한 나라만 50여 개 국이 넘는다. 2003년 5월 미국방문부터 2007년 11월 ASEAN+3 정상회담까지 세계 속 한국의 위상을 높이고 외교력 강화를 위해 노력했다.

　통상적으로 대통령의 해외순방은 국익강화를 위한 외교정책의 실현인데, 이를 위한 영부인의 역할도 중요하다. **방문국 영부인과 행정수반을 만나고, 해외교포와 한글교육기관을 격려하며, 우리 문화를 알리는 외교사절의 역할, 상대국의 문화 풍습을 존중하며 좋은 점을 서로 나누기도 한다.**

대통령 내외의 첫 해외 순방지는 미국이었다. 2003년 5월 11일부터 17일까지 뉴욕, 워싱턴, LA 등지를 방문하였다. 노무현 대통령은 후보 시절 미국에 대해 자주적 입장을 표명하며 국민의 환호를 받았다. 그래서 대통령의 미국 방문은 국민의 큰 관심사였다.

뉴욕의 월스트리트호텔에 짐을 풀고 첫 번째 가진 행사는 동포간담회였다. 그전까지만 해도 대통령의 해외순방 첫 번째 일정인 동포간담회는 30분 정도의 가벼운 일정으로 인사를 마치고 숙소로 돌아가 휴식을 취하는 것이 일반적이었다. 그러나 노무현 대통령은 달랐다.

대통령은 이역만리 해외에서 열심히 살아가는 동포들을 보면 항상 벅찬 감동을 느꼈다. **해외의 구석구석에서 외롭고 힘든 세월을 보냈을 어르신들, 때로는 우리말을 잊은 동포 2세들의 모습을 대하면 미안하고 고마운 마음으로 당신의 진심과 정성을 다하여 말씀하셨다.** 그 심정은 미국방문 후 한국에서 밝힌 귀국 보고에 잘 드러난다.

"올해는 재미동포들의 미국이민 백주년이 되는 해인 만큼 방문지별로 동포간담회를 개최했습니다. 그분들이 어려운 여건 속에서도 미국의 주류사회에 진출하여 열심히 살아가고 있는 데 대하여 감동받았습니다. 동포들에게 조국에 대한 자부심을 심어주고 유대관계를 더욱 튼튼히 할 수 있도록 지원하겠다는 격려를 드렸습니다."

그 과정에서 한미동맹을 강조하는 발언들이 나왔다. 물론 국내에서는 '대미굴욕외교'라는 비판이 쏟아졌다. 그러나 대통령은 어떻게 해서든 동포들에게 조국이 힘이 되겠다는 취지에서 이야기한 것이다. **이후 동포간담회의 의전과 연설은 대통령의 해외순방 때마다 가장 신경 쓰는 일정이 되었다. 참모들도 고민하다가 나중에는 넉넉하게 한 시간 반의 만찬일정으로 변경하였다.**

미국 순방은 권양숙 여사와 나에게도 각별한 기억으로 남았다. **여사님은 5월 14일 백악관 이스트윙에서 로라 부시 여사와 환담을 나눈 후 오후에 '마틴 루터 킹 목사 기념도서관'을 방문하였다. '마틴 루터 킹 목사 기념도서관'은 어린이 및 장애인 전문도서관으로 유명했다.** 가족끼리 산책을 나와 책을 읽고 대화를 나누는 도서관, 시각장애인들이 점자책을 통해 지식정보를 누리는 도서관에 영부인은 깊은 감명을 받았다.

다음 일정은 스미소니언 자연사박물관이었다. 일본관, 중국관은 다 전시 중인데 한국관만 텅 비어 있었다. 자리를 함께 한 대사관 관계자의 말에 의하면 전시공간은 간신히 구했지만 관련예산은 늘 우선순위에서 밀려 몇 년째 확보하지 못하고 있다고 했다.

귀국 후 2부속실에서는 스미소니언박물관의 한국관에 대해 외교부와 지속적으로 논의했다. 결국 4년 만인 2007년 6월에 한국관이 개설되었다. 그해 우리나라를 방문한 박물관 관계자들은 영부인의 지속적인 관심과 격려에 감사인사를 전했다.

뉴욕도서관에서는 한국 관련 자료의 부족을 실감하였다. 중국, 일본 자료는 방대한데 영어로 된 한국 자료는 찾아보기 어려웠다. 그래서 한국에 대한 연구를 하고 싶은 사람도 부족한 자료 때문에 일본, 중국 연구로 바꾸는 경우가 많았다.

한국의 문화와 역사에 대한 번역본이 필요했다. 우리나라의 경제력은 세계 11위였지만 문화가 제대로 전파돼야 국제사회의 진정한 리더가 될 수 있는 법이다. 이후 제2부속실에서 해외동포들의 한글교육에 관심을 가지고 자료를 모으고 사업을 추진한 것도 바로 그때문이었다.

나는 해외순방 때마다 항상 그 나라의 한글학교 현황을 파

악하고 관계자를 접견하는 일정을 따로 마련하였다. 교포 자
녀들이 한글을 통해 한국을 바로 알게 되면 그 자체로 우리
문화의 글로벌 네트워크가 될 수 있을 것이다. 2003년 7월에
는 해외 한글학교 교사들을 청와대로 초청해 불충분한 교재
와 시설에 대해 지속적인 지원을 해 나가기도 했다.

외국인도 마찬가지다. 2006년 3월 알제리를 국빈 방문한
권양숙 여사는 알제리대학교 한국어 과정 수강학생들을 격려
하고 한글의 우수성을 홍보하기도 했다.

**"한국어를 공부하는 것은 탁월한 선택입니다. 한국은 가능성이
아주 많은 나라이기 때문입니다. 여러분이 한국어와 한국문화를
배워서 알제리에 널리 알려줬으면 합니다. 그리 되면 양국의 우호
관계도 더욱 증진될 것입니다."**

그런 의미에서 세계 곳곳에서 한국인의 긍지를 꽃 피우는
사람들은 널리 알려야 할 귀감이었다. 내가 멕시코의 '꼬레
안' 정말지 수녀를 알게 되면서 교류와 협조, 지원에 앞장선
것도 그래서다.

정말지 수녀는 1990년 멕시코로 건너가 빈민촌인 찰코시
에 '소녀들의 집'을 세웠다. 가정형편이 어려워 학업을 계속
할 수 없는 학생들을 모아 교육을 한 것이다. 소녀들의 집에

서 학생들은 기술과 근면성을 배웠다. 졸업 후에는 멕시코 국영기업이나 현지 한국인기업에서 일했고 일부는 한국 유학길에 오르기도 했다. 정말지 수녀를 비롯한 한국인 수녀들의 아름다운 마음은 멕시코 전역으로 퍼져나갔다. 멕시코의 폭스 대통령이 찰코 '소녀들의 집' 졸업식에서 축사를 할 정도였다.

정말지 수녀는 소녀들의 집 합창단을 이끌고 해마다 한국을 방문하였다. 한국 방문 때에는 멕시코 민요뿐 아니라, 한국 가요와 전통무용까지 선보였다.

2005년에는 대통령의 중남미 순방을 앞두고 청와대에서 초청공연을 했는데 대통령과 영부인이 멕시코 학생들과 스스럼없이 어울리는 모습이 보도되면서 멕시코 국민들에게도 널리 알려졌다고 했다.

그해 9월엔 대통령 내외가 멕시코를 순방하였다. 정말지 수녀는 나에게 특별한 요청을 해왔다. 찰코시 인근에서 아주까리가 많이 나는데 그걸로 건강보양식인 피마자기름을 만들어 한국에 수출하고 싶다는 것. 물론 그 수익은 빈민촌의 원주민을 위해 쓰겠다고 하였다.

귀국하자마자 나는 농촌진흥원과 협의를 시작했다. 이듬해가 되자 농촌진흥원 담당자들이 현지를 방문해 아주까리의 품질을 확인하였다. 한국수출 길이 열렸음은 물론이다. 뿐만 아니라 농촌진흥원 기술지원팀에선 학생들에게 뽕잎 재배법도 가르쳐 줬다. 현재 양잠업은 그 지역의 중요한 수입원으로 자리 잡고 있다고 한다.

정말지 수녀를 도울 수 있었던 것은 나에게 큰 기쁨이었다. 찰코 소녀들의 집 학생들에게 한국은 제2의 조국이나 마찬가지다. 정말지 수녀의 봉사활동이 민간 외교관의 역할을 뛰어넘어 한국의 위상을 드높인 것이다.

2005. 9. 멕시코 찰코 소녀의 집 방문 이후, 한국에서의 답방 행사중

2005년에 2부속실에서 가장 관심을 기울인 분야는 '부산 APEC 정상회의'였다. **11월에 열린 부산APEC은 아시아 태평양 지역의 21개국 정상과 배우자, 그리고 3891명의 대표단이 참석한 초대형 행사였다. 경호원만 2만 명이 따라 움직였으니 건국 이래 최대의 국제회의로 기록될 만하다.**

영부인이 명예대회장이어서 나는 부산APEC의 성공적 개최를 위해 실무적인 부분들을 세심하게 챙겨 나갔다. 부산APEC은 2004년 칠레APEC 직후부터 준비를 시작했다. 외교부의 준비단과 협의하면서 2부속실에서는 2005년 2월 자문단을 별도로 구성해 정상회의 전반과 배우자 행사를 점검해나갔다.

APEC 정상회의의 가장 상징적인 사진이 그 나라 전통의상임을 고려하여, 가장 신경을 쓴 것이 의상 선정이었다. 2부속실에서는 한국문화의 아름다움이 일본, 중국과 어떻게 다른지 확실히 보여주기 위해 동분서주했다.

우리는 의상위원회가 추천한 마고자, 두루마리, 배자저고리 중에서 우리 한복의 우수성을 세계에 보여줄 의상을 고르기 위해 고심을 거듭하였다. 오랜 진통 끝에 우리 고유의 비단을 소재로 한 다양한 색상의 두루마기를 추천했다.

그 결과 부산APEC은 2005년 11월 19일 동백섬 누리마루 앞마당에서 21개국 정상들이 두루마기를 입고 찍은 사진으로 기억되고 있다.

그 밖에도 한국문화의 품격을 보여줄 한식의 종류를 선택하고 정상들에게 전달할 선물을 선정하는 일, 만찬장에서 공연될 전통문화 공연의 프로그램을 검토하는 일 등 제2부속실에서 계속 검토해 나갔다.

2부속실에서 주관한 배우자 행사는 범어사 방문, 오찬, 부

2005년4월 독일 방문시. 독일대사관저에서 영부인과 함께. 경호관 · 통역관 참석

산시립박물관 관람의 순으로 진행되었다. 범어사 달마선원 원장인 범주 스님의 달마도 시연은 관람객의 탄성을 자아냈다. 가로 5m, 세로 6m의 종이 위에 달마를 그리고 손에 먹물을 묻혀 낙관을 찍을 때는 박수갈채가 쏟아졌다.

누리마루 APEC 하우스에서의 배우자 오찬은 특별한 의미를 지녔다. 지금까지 정상회의장에서 배우자 오찬이 열린 적이 없었기 때문이다. 그러나 우리는 정상 배우자들이 우리 문화에 대한 관심과 홍보에 큰 역할을 할 수 있다고 생각했기에 정상회의장을 영부인 오찬장으로 개방했다.

그날 오찬장에서 행한 권 여사의 환영사가 기억에 생생하다.

"창 밖에 펼쳐진 누리마루 앞바다는 우리를 하나로 이어주는 태평양의 시작입니다. 저 풍경처럼 부산APEC도 공동체를 향한 새로운 출발점이 될 것이라 믿습니다."

여성과 아이들이 꿈꾸는 세상

대통령과 영부인은 가끔씩 나를 보고 이렇게 물었다.

"애들은 요즘도 길거리에 있는가?"

사연인즉 대통령 선거운동 때로 거슬러 올라간다. 당시 우리 아이들은 공덕초등학교 4학년과 1학년에 다니고 있었다. 우리 아이들은 학원에 가기 싫어했고 그 흔한 학습지조차 하지 않았기 때문에 두 형제는 방과후에는 주로 아파트 놀이터에서 시간을 보내곤 했다.

나는 선거운동으로, 남편은 회사일과 친구들 만남으로 귀가시간이 상당히 늦은 편이었다. 이 때문에 우리 아이들은 식사도 인근의 효성빌딩 직원식당이나 동네식당 등에서 해결해야 했다.

2003년에 일가족이 청와대 관사로 들어갔을 때도 사정은 별로 달라지지 않았다. 우리 아이들은 청와대 영빈관 후문쪽에 있는 무궁화동산에서 엄마가 퇴근할 때까지 기다렸다. 만찬이나 특별한 일정이 있는 날이면 밤 10시가 넘은 시간까지도 둘째 지혁이가 그곳에서 놀고 있는 경우도 있었다.

그래서 우리 가족이 살던 관사 '대경빌라(대통령경호실 빌라)'의 경호실 직원들은 우리 둘째 지혁이를 '대경 대학생'이라고 불렀다. 지금이야 우스갯소리처럼 웃어 넘기지만 아이들에게는 늘 미안한 마음이 남아 있다.

그래도 건강하게, 반듯하게 자라준 두 아들이 대견하지만 몇 년 동안 우리 아이들은 바쁜 엄마가 돌보지 못한 '길거리표' 형제들이었다. 이것은 나뿐만 아니라 대다수 일하는 여성들이 마음 아파하고 힘들어 하는 육아의 현실이었다. **누구보다 일하는 여성들의 애로와 고민을 알고 있는 노무현 대통령은 후보 시절부터 보육과 방과후교실, 지역아동센터 등에 깊은 관심을 기울이고 있었고 정책현안들을 직접 점검하곤 했다.**

참여정부가 들어서며 여성정책엔 굵직한 변화들이 있었다. 우선 남존여비와 가부장제의 상징이라고 할 수 있는 호주제가 폐지되었다. 그리고 우리 사회의 잘못된 성문화를 바로잡는 성매매방지법이 시행되었다. 여성계의 오랜 숙원 두 가지가 한꺼번에 풀린 것이다.

여성 정책의 주무 부처인 여성부는 참여정부 하에서 눈에 띄게 역할이 강조되었다. 2004년에는 보건복지부의 보육업무가 여성부로 이관되었고, 이듬해에는 가족업무까지 도맡는 여성가족부로 확대 개편되었다. 또 성별 영향평가와 성인지 예산을 도입해 정책집행 과정에서 남녀가 동등하게 수혜를 받을 수 있도록 하였다.

참여정부는 출범하면서부터 강금실(법무), 지은희(여성), 한명숙(환경), 김화중(복지) 등 역대 정부 중 가장 많은 여성 각료를 포진시켰고, 2006년에는 대한민국 역사상 최초로 여성총리에 한명숙 전 장관을 기용하였다. 여성 헌법재판관(전효숙)과 대법관(김영란)이 처음 등장한 것도 참여정부 때 일이다. 국제적으로 하위권 수준을 면치 못하던 여성권한 척도가 쑥쑥 자라났다.

금녀(禁女)의 벽이 높았던 정치권에서도 여성의 약진이 두드러졌다. 2004년 실시된 4.15 총선을 통해 지역구 10명, 비례대표 29명 등 39명의 여성의원이 17대 국회에 진출했다. 여성의원의 비율이 두 자리 숫자인 13%로 뛰어올랐다. 15대 국회의 4배, 16대 국회의 2배 이상 늘어난 것이다. 비례대표의 절반을 여성에게 배분한 것이 크게 작용하였다.

2부속실은 업무특성상 사회 각계각층의 여성들을 만나고 여성이 일하는 다양한 분야에 깊은 관심을 기울이게 된다.

그중에서도 2005년 1월에 마련한 '대한민국 여성 1호 초청 오찬'은 눈물과 감동이 어우러진 자리였다. 박신애(여성 최초 전방부대 소대장), 유경인(여성 최초 항공사고 조사관), 이인영(여성 최초 권투 세계챔피언) 등 전통적인 '남자의 영역'에서 '여성 1호'가 된 개척자들이 자리를 함께했다.

우리 사회가 진일보한 것은 사실이지만 여성이 남성들이 대다수인 분야에서 1등을 차지하기란 쉬운 일이 아니다. 여성 1호들은 편견의 벽을 깨기 위해 눈물겨운 고생을 해야 했다. 권투선수 이인영씨의 경우 매일 두들겨 맞다 보니 몇 년 동안 얼굴이 성한 날이 없었다고 한다. 하지만 그들의 구슬땀과 피눈물 덕분에 이땅의 여성들은 더욱 꿈의 지평을 넓혀 나갈 수 있었다.

참여정부의 노력에도 불구하고 우리 사회엔 여성들의 꿈을 가로막는 요소들이 너무 많았다. 대표적인 것이 일과 가정을 병행하기 어려운 보육 환경이었다. 특히 결혼을 하고 가정을 꾸린 여성들은 출산, 보육, 육아의 부담에서 자유로울 수 없었다. 예전에는 여성의 숙명이라 여기고 자신을 포기했지만, 이제는 자신의 일과 경제적 책임을 위해 아이를 낳는 것을 기피하게 되고 그것이 고스란히 이 사회의 '저출산 고령화' 현상으로 이어졌다.

일찌감치 여성과 가족의 부담으로만 치부했던 출산, 보육, 육아에 대한 국가와 사회의 책임을 늘려 나가야 했다. 참여정부는 2006년 '제1차 저출산·고령사회 기본계획'을 수립하였다. 아이를 낳을 때 검사, 예방접종, 건강상담 등의 서비스를 보건소나 지정 병원에서 무료로 해주고, 둘째아이 출산가정엔 국민연금 1년 납부 인정 혜택(출산 크레딧)을 주기로 하는 등 출산장려 대책이 마련되었다.

보육관련 예산도 획기적으로 늘렸다. 임기 마지막 해인 2007년엔 1조435억 원 가량으로 2002년 2102억 원에 비해 무려 다섯 배가 증가하였다. 그 덕택에 영유아 105만 명 중 83만 명이 보육비를 지원받게 되었다. 뿐만 아니라 '보육시설 평가인증 제도'를 도입해 민간보육시설의 서비스 질을 국공립시설 수준으로 끌어올리기 위해 노력하였다.

2부속실은 청와대부터 모범을 보여야 한다고 판단하고 영부인 집무실의 서재를 모유수유 공간인 '아기와 엄마가 행복한 방'으로 꾸몄다. 직장에 수유실이 있느냐 없느냐는 여성들이 아이를 낳느냐 마느냐와 직결된다. 모유 수유실은 곧 전국의 지자체와 공공기관으로 퍼져나갔다.

2부속실에서 가장 관심을 가진 일상 생활 분야 중 하나는 '어린이 안전'이었다. 1988년부터 2000년까지 우리나라 어린이 10만 명당 안전사고 사망자수는 14.8명으로 영국 3.8명, 일본 5.8명보다 훨씬 높은 실정이었다. 특히 1999년에 발생한 씨랜드 화재는 유치원생 19명의 목숨을 한꺼번에 앗아간 참사였다.

2부속실에서는 2003년 7월 씨랜드 화재 발생 4주기를 맞아 유가족들을 청와대로 초청했다. 아이의 죽음 이후 이혼하고 갈라선 부부도 있었다. 죽은 아이가 문을 열고 들어오는 환상에 시달리다 정신이상에 걸린 엄마도 있었다.

우리 사회의 안전 불감증이 가정을 풍비박산낸 것이다. 그런데도 현실은 개선되지 않고 있었다. 재발방지를 위한 법과 제도도 여전히 미흡했다. 국가적인 어린이 안전 체계가 필요했다.

참여정부는 2003년을 '어린이 안전 원년'으로 선포하였다.

그리고 그 해 11월 영등포구 대방초등학교에서 열린 '어린이 안전대책 보고회'에서 초등학교와 유치원에 스쿨존(어린이 보호구역)을 확대 지정하기로 했다.

언론에 나서길 꺼려했던 권 여사도 스쿨존에 관한 한 적극적이었다. 나는 언론의 협조를 요청했고 초등학교 등굣길 안전을 지도하는 녹색어머니회 회원들과 영부인의 만남, 현장지도 점검 등을 통하여 스쿨존의 중요성을 홍보할 수 있도록 하였다. 그 결과 전국의 많은 초등학교에 스쿨존이 설치되었다.

스쿨존은 어린이 안전사고 예방에 탁월한 효과를 발휘하였다. 2006년 기준 어린이 안전사고 사망자수는 718명이었다. 2002년 1210명에 비해 41% 가까이 감소한 수치다. 학부모들이 스쿨존을 참여정부 최대의 성과로 꼽는 이유다.

어린이 안전을 확보하는 노력은 비단 스쿨존에 국한되지 않았다. 빈번하게 발생하는 학교급식의 위생문제와 가격 대비 품질문제 등은 자라는 어린이들에게 매우 중요한 일이었다.

나는 수차례의 학교급식 현장들을 점검했고 2003년 12월에는 권양숙 여사를 모시고 혜화초등학교를 방문해 '학교급식 안전정책 간담회'를 열었다. **급식환경 개선, 저소득층 급식비**

지원, 급식 종사자 처우개선이 시급하였다. 2부속실은 이후 관련 예산 확보와 식품위생법 개정을 위해 교육인적자원부, 보건복지부 등과 협의해나갔다.

학교폭력이 빈번하게 발생하는 아이들의 학교생활도 시급한 과제였다. 나는 교사와 학생, 학교폭력 예방운동 등 관계자들을 청와대로 초청해 영부인이 학교폭력의 실상을 공유할 수 있도록 도왔다. 법제도 정비에도 참여하였다.

2004년 1월에 '학교폭력 예방 및 대책에 관한 법률'이 제정되고, 2005년 2월엔 '학교폭력 예방 및 대책 기본계획'이 수립되었다. 그중에서도 이금형 총경과 함께 피해자 보호를 위한 경

2006년 5월쯤 청와대 녹지원에서, 대한암협회 보건복지 행사 입장중

찰청 산하 '학교·여성폭력 피해자 원스톱 지원센터'를 설립한 것이 가장 기억에 남는다.

2004년 2월에는 2부속실과 어린이안전점검단이 공동 주관해 경찰청 '미아찾기센터'의 현황을 점검했다. 그 자리에서 영부인은 실종아동 현황을 보고받고 전국적인 네트워크가 잘 갖춰져 있는지 꼼꼼히 살폈다. 아이를 키우는 부모의 입장에서 아이를 잃어버린 부모들의 안타깝고 가슴 아픈 사연은 말로 다 표현할 수 없다. **아동이 실종되었을 때 신속한 초기대응이 매우 중요했고 공공기관과 경찰청의 협조가 무엇보다 필요한 부분이었다. 공공기관의 실종아동 찾기 홍보문안 게시를 적극적으로 권고했다.**

나는 우리 아이들은 '사랑으로 크는 나무', '미래를 향해 커가는 꿈나무'라고 생각한다. 나무는 햇볕, 토양, 물 등 자연환경이 적합해야 잘 자란다. 마찬가지로 우리 아이들도 사회환경이 적절히 뒷받침해 줘야 바르게 성장한다. 법률, 시설, 조직 등 제도적 틀과 사회 전반적인 분위기가 한데 어우러져야 아이들이 푸른 꿈을 꿀 수 있다.

2부속실에서는 영부인이 도서, 벽지에서 문명의 혜택을 못보는 어린이들이나 고아원, 소년원에 수용돼 있는 소외 청소년들을 보살피는 데 관심을 기울였다. 이와 함께 국가 전체의 아동청소년 보호, 복지, 개발 체계에 늘 주파수를 맞추었다.

특히 2부속실에서는 맞벌이부부와 빈곤층가구 자녀들을 위해 '지역아동센터', '방과 후 학교'를 지원하고 위기 청소년에게 도움을 줄 수 있는 '1388콜센터'에 대해서도 적극적인 관심을 기울였다. 안전한 어린이 놀이터 시설 점검, 학교폭력 실태점검, 학교주변의 유흥업소와 유해식품 판매 근절, 위기청소년의 보호와 상담, 자립 준비 청년 등 우리 아이들의 성장을 위해 해야 할 일은 너무나 많았다.

두 아이의 엄마로서 내 아이들에게는 부족한 엄마였지만 세상에는 더 어렵고 힘든 처지에 있는 아이들이 많았다. 모든 아이들의 건강과 안전, 행복을 위해 열심히 일했던 그 시간들 속에서 나의 희망은 '아이들이 행복한 세상' 이었다. 우리의 학교와 교육, 학부모들이 자신의 아이와 함께 '모든 아이들의 행복을 위해' 사회적 관심을 기울인다면 우리 아이들이 살아갈 세상이 조금 더 나아질 것이다. 그것은 어떤 면에서 조각가가 작품을 만드는 과정과 닮아 있다. 문득 이탈리아의 유명한 화가이자 조각가였던 미켈란젤로의 말이 떠오른다.

미켈란젤로의 조각에 감탄하며 어떤 사람이 물었다.
"볼품없는 돌덩어리로 어떻게 이런 훌륭한 작품을 만들 수 있습니까?"
미켈란젤로는 이렇게 대답하였다.
"그 작품은 처음부터 돌 속에 있었습니다. 나는 단지 불필요한 부분을 깎아냈을 뿐이죠."

마찬가지로 우리 사회도 모든 분야에서 제도와 분위기를 정비해 아이들의 꿈이 보석처럼 빛나게 건강하게 자랄 수 있도록 힘을 모아야 한다.

참여정부를 말한다

노무현 대통령은 2003년 집권하자마자 '경제위기', '민생파탄'론과 맞서 싸워야 했다. 당시 우리 경제는 신용카드 대란의 후유증으로 가계부채가 순식간에 늘어난 상태였다. 노 대통령과 적대적인 보수언론과 야당은 이런 상황을 부풀리기에 여념이 없었다.

언론에서 앵무새처럼 반복해서 위기를 퍼뜨리고 신용불량자마저 늘어나자 국민들도 불안해하기 시작했다. 이 때문에 대통령은 2003년 내내 하루도 잠을 편하게 잔 날이 없다고했다. 그러나 끝까지 인위적인 경기부양책은 쓰지 않았다. 왜였을까?

제조업을 기반으로 성장해온 한국경제는 기초체력이 튼튼하였다. 정보통신을 비롯한 기술수준 역시 매우 높은 수준이었다. 충분히 이겨낼 수 있었기에 굳이 무리수를 둘 필요가 없었던 것이다. 눈앞의 인기에 연연해 무리한 경기부양을 해서 다음 정권에 부담을 주고 싶지 않았던 것이다. 노 대통령은 경제에 관한 한 한국경제의 체질개선에 더 무게를 두었다.

물론 양극화와 고용불안정이라는 풀기 어려운 숙제는 있었다. 그러나 이것은 국민의 정부나 참여정부의 잘못이라기보다는 1990년대부터 시작된 전 세계적인 흐름이었다. 그래서 지구촌의 모든 나라는 이 문제를 해결하기 위해 다양한 정책을 개발하고 있었다.

노 대통령이 선택한 길은 복지와 사회안전망의 확충이었다. 오늘날 글로벌 금융위기를 맞아 서구에서 앞다퉈 쓰고 있는 처방을 그 시절에 선구적으로 주창한 것이다.

예를 들면 구조조정으로 실직한 사람들을 위해 고용훈련과 재교육 프로그램을 확대함으로써 다시 일어설 수 있는 기회를 주자는 것이었다. 그렇게 하지 않으면 중산층이 붕괴되면서 빈곤의 나락으로 떨어지는 사람들이 늘어나고 양극화가 더 심해질 것이기 때문이었다.

공무원 수도 늘렸다. 늘어난 복지수요를 충당할 사회복지 공무원, 열악한 교육환경을 개선할 교사, 격무에 시달리는 경찰과 소방관을 더 뽑았다. 복지예산 비중도 미래를 대비한 보육예산을 포함해 전체의 19.9%(2002년)에서 27.9%(2006년)까지 증가하였다.

그러나 언론과 야당은 성장을 외면하고 분배에 치중하는 정부라고 내용없이 비난하기에만 급급했다. 그 근거라며 5% 이하로 낮춰 잡은 경제성장률을 제시하였다. 또 전 세계적인 추세인 '작은 정부'가 아니라 '큰 정부'로 가고 있다고 헐뜯었다. 복지혜택이 많아지면 도덕적 해이로 인해 생산성이 떨어지고 말 것이라는 악의적인 전망을 내놓았다.

하지만 노 대통령은 꿋꿋했다. **대통령은 과거 개발도상국 시절의 고도성장은 더 이상 없다고 이야기했다. "중학교 때 1년에 10cm씩 자랐다고 해서 대학생이 돼서도 10cm를 기대하는 것은 이치에 맞지 않다"고 반박했다.**
성장과 분배도 가르마를 타듯이 양분되는 것이 아니라고 설명하였다. 오히려 선순환을 하면서 함께 가도록 정책방향을 잡아야 경제도 활력이 생기고 양극화 문제도 해소된다고 보았다. 그것이 바로 먼 장래를 보고 사람에게 선제적으로 투자한다는 '사회투자' 개념이다. 복지혜택을 늘리면서 이 분야에 종사할 다양한 사회서비스 일자리를 창출하자는 것이다.

대통령이 보기에 '작은 정부' 주장 역시 우리나라 현실을 고려하지 않은 논리였다. 한국보다 공무원 비중이 두세 배 많은 서구에서 공무원 수를 줄인다고 우리나라가 그에 해당하는 것은 아니었다. 그 나라들은 복지시스템이 우리보다 잘 갖추어져 있기 때문에 줄일 수 있지만, 우리나라는 그들에 비해 사회복지 인력이 현격하게 부족했다.

참여정부는 '작은 정부'가 아니라 '책임지는 정부'를 지향하였다. 그래서 '감세'보다 '국민세금의 효율적인 사용'이 중요했다.

2008년 9월에 봉하마을에 들렀을 때 노무현 대통령이 짧게 참여정부를 평가한 적이 있다.

"새 시대의 첫차가 되는 게 나의 꿈이었는데 참여정부는 결과적으로 구시대의 막차가 된 셈입니다. 수십 년 간 끌어왔던 온갖 문제들을 참여정부 때 다 설거지했지요. 손대지 않았으면 그렇게 시끄럽지도 않았을 텐데…."

참여정부는 '책임지는 정부'였기에 수십 년 묵은 과제들을 얼렁뚱땅 넘어가지 않았다. 부안 방사성폐기물처리장 문제만 해도 20년이나 해묵은 숙제였다. 전시작전통제권 환수, 용산 미군기지 이전, 새만금, 천성산 터널 등등 모두 골치 아프다고 차일피일 미루어왔던 일들이다.

수많은 논쟁을 거치면서 결국 참여정부 때 모두 해결하였다. 국가가 책임져야 할 사업인데 시끄럽다고 계속 넘어가다 보면 국민에게 부담이 돌아가기 마련이다. 그래서 국민과 다음 정부가 고생하지 않도록 설거지를 열심히 한 것이다.

참여정부 시절 노무현 대통령은 수없이 많은 정치적 고비를 넘었다. 그중에서도 2004년은 산 넘어 산이었던 한 해였다.

대표적인 것 몇 가지를 들어보자. 우선 대선공약이었던 '신행정수도'를 관철하려다 헌법재판소의 위헌 판결을 받았다. 그리고는 '행정중심복합도시'로 한 걸음 물러섰는데 이마저도 이명박 정부가 들어서면서 성사가 불투명해졌다가, 결국 세종특별자치시 일대를 중심으로 하는 '행복도시'로 완성되었다.

일각에선 노무현 대통령의 '신행정수도' 공약을 단지 충청권의 표를 의식한 정치적 승부수였다고 폄하하는 경향이 있다. 하지만 노 대통령은 서울 수도권에 압도적으로 몰려 있는 경제력과 인구, 지식정보 인프라를 분산시키지 않고서는 국토균형발전은 불가능하다는 확고한 의지를 갖고 있었다.

노무현 대통령은 재임시절에도 틈틈이 비공개 일정으로 전국을 탐사했다. 1·2부속실과 경호요원 몇 명만 데리고 대통령이 찾았던 곳은 **구석구석의 농어촌, 작은 섬, 산과 자연휴양림 등지였다. 그곳에서 대통령은 농촌마을을 어떻게 새로운 형태로 변화시킬까, 어촌마을을 나폴리 같은 관광지로 만들 방법은 무엇일까를 고심하였다.** 섬은 섬대로, 휴양림은 휴양림대로 특성에 맞게 발전시킬 방도를 모색하였다.

예를 들면 강원도 어느 지역에서 인구 유출을 줄이기 위해서 아이디어를 냈다. 새로 이주하는 사람들에게 땅을 내주고 황토 집을 지어주기로 한 것이다. 노 대통령은 그곳에 찾아가 성공담, 실패담, 애로사항을 꼼꼼히 경청하였다.

퇴임 후 봉하마을에 내려가서도 마찬가지였다. 한 번은 광양에 있는 청매실 농원을 방문하여 매실은 어떻게 재배하는지, 어떤 환경에서 잘 자라는지 살폈다. 그리고 봉하마을에 돌아와 직접 매화를 심고, 매실을 담갔다.

2004년은 또 정국이 '4대 개혁입법 처리' 문제로 들끓었던 해이기도 했다. 서울광장에 보수단체와 종교조직 등이 모여 대통령 허수아비의 화형식을 하기도 했다. 당시 열린우리당은 총선 승리의 여세를 몰아 국가보안법, 사학법, 과거사법, 노동관계법 처리의 파장을 면밀하게 검토하지 못하고 밀어붙였다가 보수 진영의 강력한 저항에 부딪혀 있었다.

흔히들 4대 개혁입법 하면 국가보안법을 먼저 연상하지만 당시 가장 극심한 저항에 직면했던 것은 사학법 개정안이었다. 사학법 개정을 반대하는 사학재단은 주로 종교인들이 많았는데 이들은 사학법 개정이 본인들을 겨냥한 것이라고 극한 감정을 드러냈다.

시민사회비서관실과 협조하여 나는 사학법 개정을 반대하는 분들과 영부인 면담일정을 잡았다. 우선은 그들의 의견을 듣고 차분하게 대화할 수 있는 분위기를 만드는 것이 중요했다. 종교단체 임원과 사학재단 이사장 등 네 사람을 비공개로 접견하는 자리였다. 워낙 분위기가 심상치 않아서 나는 여차하면 일정을 중단시킬 생각을 가지고 있었다.

면담이 시작되자 그분들은 작심을 한 듯 영부인의 면전에서 거침없이 대통령을 비난했다. 국회의 사학법개정안에 대하여 그분들은 상당히 격앙되어 있었다.

"우리는 지난 수십 년 간 이 나라의 교육을 위해 헌신 봉사해온 사람들입니다."

"사학재단을 건드리는 건 북한체제에서나 할 수 있는 일입니다."

"대통령이 잘 몰라서 그러는 모양인데 이것은 나라를 팔아먹는 거나 마찬가지입니다."

그분들은 듣고 있기에 민망할 만큼 심한 말들을 여과없이 쏟아내고 있었다.

나는 이 일정을 중단시켜야겠다고 생각했다.

"여사님이 여러분을 모신 건 서로의 입장을 이해하고 의사소통을 하기 위해서입니다. 너무 말씀이 지나치십니다."

"그쪽이야 불편하시겠지만, 우리가 오죽하면 이러겠어요?"

그때 권 여사가 나를 제지하였다. 그리고 조용히 이야기를 시작했다.

"여러분의 말씀 새겨들었습니다. 항상 이 나라와 아이들의 장래를 위해서 기도하고 노력해온 여러분께 정말 감사드립니다. **여러분은 이 나라의 어른이고 원로입니다. 고언을 해주시면 저희가 듣고 고쳐나가겠습니다. 여러분이나 대통령이나 다 나라의 장래를 위해 걱정하고 일하는 것 아닙니까? 다만 방법이나 과정에서 서로 이견이 있을 수는 있습니다. 설혹 대통령이 실수를 했다손 치더라도 어른으로서 대통령을 품어주는 마음으로 말**

씀해 주시기 바랍니다. 혹여 맘에 들지 않아도 이 나라의 발전을 위해서 그렇게 해주십시오. 어른의 입장에서 자식이 실수하면 타이를 수 있습니다. 그러나 그 마음속엔 언젠가 잘할 것이라는 믿음이 있질 않겠습니까? 그러면 자식도 더 잘하려고 노력을 하게 됩니다."

그분들도 약간은 머쓱했던지 흥분을 가라앉히고 경청하면서, 대통령의 노고를 이해하지만 종교단체와 사학재단의 입장과 처지를 고려해 달라고 요청하며 대화를 마쳤다. 30여 분 가까이 자신들의 이야기를 다 듣고 차분하고 부드럽게 이야기하는 영부인의 태도에 스스로 겸연쩍지 않았을까 하는 생각이 들었다.

그렇게 그분들이 돌아가고 난 뒤 후일담을 전해 들었다. 그날 청와대를 방문했던 분들은 권 여사에 대해 깊은 인상을 받았다고 한다.

"영부인이 보통 분이 아니네."

2004년에 있었던 가장 충격적인 일은 물론 3월 12일. 국회에서 있었던 '대통령 탄핵안 의결'이었다. 그 시간에 대통령과 영부인은 해군사관학교 임관식에 참석하고 있었다. 탄핵 이야기를 전해 들었던 건 임관식을 마친 다음 영부인과 함께

경남지역 여성단체장 초청 오찬장으로 가는 차량 안이었다.

오찬장에는 이미 TV를 통해 탄핵안 통과과정을 지켜본 사람들이 웅성거리고 있었다. 권 여사는 10여 분 동안 대기실에 머문 후 오찬장으로 나섰다.

"저희들이 부족함이 많아서 이런 일이 생긴 것 같습니다. 그렇지만 저는 믿습니다. 대통령께서 언행의 실수는 있었을지 몰라도 신념과 철학에는 잘못이 없습니다. 그것을 국민들이 알아주셨으면 좋겠습니다. 국민의 판단을 믿고 기다리겠습니다."

그날 일정을 다 마치고 청와대로 돌아오자 본관 앞에 직원들이 도열해 있었다. 힘내시라는 환호와 박수를 뒤로 하고 1층에 들어서자 총무비서관이 법원의 업무집행정지 통지서를

2008년 2월, 노무현 대통령 퇴임을 앞두고 역대 비서실장, 1·2부속실장 등과 함께 기념촬영

들고 기다리고 있었다. 그 통지서를 받아드는 순간 기약 없는 '연금'이 시작되었다.

 탄핵기간 중의 관저는 사실상 감옥이나 마찬가지였다. 일반인 신분이라면 놀러나가도 누가 뭐랄 사람이 없다. 그러나 대통령은 업무가 정지되어도 대통령이다. 대통령이 움직이면 경호가 따라붙게 되고 업무정지의 의미도 퇴색하기 쉽다. 그래서 대통령 내외는 관저에서만 생활하였다.
 두 분이 할 수 있는 일은 하루 종일 책을 읽고 산책하는 것뿐이었다. 나머지 시간에 대통령은 청와대의 전자정부 솔루션인 '이지원시스템'을 연구했고, 영부인은 백일이 갓 지난 손녀딸 서은이를 보면서 평범한 할머니로 지냈다.

 때때로 대통령 내외는 청와대에서 가장 아담하고 소박한 상춘재 뒷마당의 툇마루에서 정담을 나누기도 하였다. 마당엔 자잘한 꽃들이 피어 있었고 봄바람은 이따금 서울시청과 광화문을 뒤흔드는 탄핵반대 함성소리를 실어왔다.
 뒤뜰을 서성이는 마음 뒤편으론 어둠을 걷어내는 촛불의 물결이 일렁이고 있었다.

작은 도서관 열풍을 이끌다

"오늘의 나를 있게 한 것은 우리 동네의 작은 도서관이었다."

마이크로소프트의 설립자 빌 게이츠의 말이다. 어린 시절 우연히 읽은 책 한 권이 인생을 송두리째 바꾸기도 한다. 하물며 도서관이 집이나 학교처럼 생활의 일부분으로 자리 잡는다면 어떨까? 상상만으로도 20년, 30년 후 우리의 미래가 밝아지는 느낌이다.

제2부속실이 영부인사업으로 가장 역점을 두었던 분야가 바로 도서관 사업이다. 어린 시절부터 독서를 즐겼던 권 여사는 서점 주인이 되는 것이 꿈이었을 만큼 책을 좋아했다. 노무현 대통령과도 책을 돌려 읽으며 연애를 했다고 한다. 책은 권양숙 여사에게 있어 가장 친근한 벗이며 인생의 항로를 이끈 나침반이었다.

나 역시 책과 도서관에 대한 관심이 컸다. 거의 이용하지 않는 동사무소의 처량한 새마을문고를 탈피해 주민들과 아이들, 학부모들이 어울리는 작은 도서관을 제대로 만들고 싶었다.

또한, 2003년 봄 미국순방 때 들른 '마틴 루터 킹 목사 기념 도서관'처럼 장애인이 편하게 이용할 수 있는 특성화 도서관도 다양하게 필요하다고 생각했다.

'미국의 경쟁력은 도서관에 있었구나. 우리에게도 누구나 쉽게 이용하고 지식의 산실이 될 수 있는 도서관정책이 필요하다.'

우리나라 도서관의 현실은 매우 열악하였다. 국민 일인당 도서관 이용률이 매우 낮을 뿐만 아니라 도서관이 문화의 중심이 되기에는 너무 외지거나 산꼭대기에 홀로 떨어져 있고 대부분은 학생들의 독서실 정도로 이용하고 있는 형편이었다. 사실 모든 시군구마다 하나씩 세워지는 문화센터의 중심은 도서관이 되는 것이 더 효율적인 국민생활 시설이 될 것이다. 책과 도서관은 그 사회의 지적수준을 높이고 21세기의 지속적 국가성장의 동력이라고 할 수 있다.

나는 도서관의 세 가지 측면을 주목했다.

첫째는 아이들이 책을 읽으며 꿈과 상상력을 키우는 '교육적인 면'이다. 나는 도서관에서 접하는 책들이 아이들에게 인생의 지침이 돼 줄 것이라고 확신하였다. 도서관이 자라나는 아이들에게 지식의 호수가 되기를 바랐다.

둘째는 주민들이 누구나 함께 문화를 즐길 수 있는 '문화사랑방 이라는 측면'이다. 내가 생각하는 도서관은 가족끼리 나들이하고, 친구끼리 대화를 나누며, 연인끼리 공연도 관람할 수 있는 곳이었다. 노인과 어린이, 학부모가 함께하는 공간이다.

마지막으로 지식정보 사회에서 '국가경쟁력을 높이는 측면'도 중요하다. 나는 책 읽는 사람이 많은 나라가 지식정보화 시대에 가장 경쟁력 있는 나라라고 생각한다. 도서관은 또 지역과 세대, 계층 간에 존재하는 정보 격차와 양극화를 완화하는 사회안전망이기도 하였다.

내가 본격적으로 도서관 사업을 주목한 계기는 MBC의 도서관 캠페인이었던 '책책책 -기적의 도서관' 프로그램이었다. 2003년 11월 순천에서 문을 연 제1호 '기적의 도서관' 개관식에서 본 어린이도서관을 전국 곳곳에 만들어 주고 싶었다.

"어린이들이 마음껏 책을 읽을 수 있는 공간을 마련해 주는 것은 희망찬 미래를 열어가는 값진 투자입니다."

나는 '작은 도서관'을 위한 연구조사에 착수하였다. '작은 도서관'은 본래 1990년대 중반 민간 차원에서 어린이문화운동의 일환으로 전개되었다. 그러다 1997년 IMF 외환위기의 영향으로 위축되어 소수의 자원봉사자와 단체들로 어렵사리 운영되고 있었다.

나는 '작은 도서관'을 활성화시키기 위하여 미국 도서관의 운영사례와 영국의 '북스타트 운동'을 벤치마킹했다. 지역의 **다양한 사례들도 수집했고 방문하여 현장활동가들의 이야기를 들었다. 몇 달 동안 공부하고 현장의 애로사항과 필요한 정책사항들을 수렴해 간담회를 열었다. 그렇게 작성한 〈작은 도서관 활성화 계획안〉을 대통령 내외분께 보고 드렸다.**

권양숙 여사는 '작은 도서관'이야말로 추진해볼 만한 값진 사업이라고 하였다. 그러나 노무현 대통령은 만류했다. 노 대통령은 옛날 부산에서 지역사회운동을 하면서 비슷한 일을 해본 경험이 있는데 이 사업은 자발적인 참여문화와 운영관리 노하우가 관건인데 이걸 제대로 갖추려면 많은 시간과 에너지가 필요하다고 했다. 임기 3년을 남기고 추진하다가는 시설만 만들어놓고 과거 '새마을문고'처럼 전시행정이 되기 쉽다고 지적했다.

뜻밖의 난관이었다. 1994년에 지방자치 실무연구소를 만들어 활동했던 대통령이었다. **누구보다도 지방자치와 공동체 문화 활동에 경험이 많은 대통령이 쉽지 않은 일이라고 하니 실망스럽기도 했지만 나는 이 일을 적극 추진해보기로 맘먹었다.** 청와대 임기가 끝나더라도 지역에서부터 학부모들과 함께 꾸준히 해 나갈 수만 있다면 지역발전에도 도움이 될 뿐 아니라 책과 도서관을 중심으로 새로운 국가경쟁력을 키울 수 있다고 확신했다.

우선 '기적의 도서관' 관계자와 면담하여 도서관에 대한 취지를 공유하고 시민단체인 '책읽는 사회 만들기 운동본부' 및 '어린이와 도서관' 관계자, 한국도서관협회 관계자, 문화관광부 실무자 등이 함께 하는 전담팀을 꾸려 작은 도서관의 추진을 위한 밑그림을 그려 나갔다.

내가 생각한 '작은 도서관'은 지역 공동체의 주민과 아이들이 쉽게 다가갈 수 있는 '생활밀착형 도서관'이었다. 생활권역으로부터 걸어서 10분 이내에 있어야 하며, 반경 1킬로미터 이내 주민을 대상으로 대출과 열람, 각종 프로그램을 운영할 수 있는 조건을 갖추어야 한다. 사서는 주민의 독서 취향도 파악할 수 있을 만큼 정성스러워야 한다.

'작은 도서관'은 또 주민들의 자발적인 활동으로 채워지는 '마을의 사랑방'이자, 주민들이 평생학습의 장으로 이용하는 '삶의 터전'이다. 어린이 독서교육은 물론 인형극, 동화 구연, 공연 등 다채로운 행사를 개최함으로써 지역 공동체 문화의 거점으로 자리매김해야 한다.

2004년 5월 헌법재판소에서 탄핵안이 기각된 후 나는 영부인을 모시고 기적의 도서관, 학교 도서관, 지역 도서관, 공공 도서관 현장을 방문하고 의견을 청취하고 도서관의 다양한 프로그램을 구상해나갔다. 영부인의 관심이 깊어지자 '작은 도서관'은 점차 국가도서관 정책의 일환으로 자리를 잡아 나갔다.

문화관광부는 복권기금을 활용해 '작은 도서관'의 활성화를 지원했다. 2004년엔 25억 원으로 25곳에, 2006년엔 50억 원으로 58곳에, 2007년엔 50억 원으로 74곳에 모두 157개의 '작은 도서관'이 설립되었다. 2007년 10월엔 교육기회 제공과 빈곤퇴치 목적으로 아프리카 가나에도 '고맙습니다, 작은 도서관'이 문을 열었다.

2005년에 문화관광부에 '작은 도서관 TF팀', 2006년엔 국립중앙도서관 내에 '작은 도서관 진흥팀'이 생겼다. 정동채 문화관광부 장관과 한상완 한국도서관협회장이 앞장서고, 국회에서는 신기남, 이미경 의원이 뒷받침하였다. 언론과 인터넷에서도 관심을 가졌다. 네이버, 경향신문, 한겨레신문에서 도서관 캠페인을 펼쳤다.

지자체들에게 '작은 도서관' 사업은 주민자치를 실현하기에 안성맞춤이었다. 부천, 김해 등 전국에서 호응을 해왔다. 부천에서는 2005년 9월에 '도서관 문화 한마당'이 개최되었다. 일찍부터 도서관운동이 뿌리를 내린 도시답게 동마다 '작은 도서관'이 탄생했다. 김해는 2007년 10월에 '책 읽는 도시 김해 선포식'을 가졌다. 마을 복지회관, 버스 터미널 등 장소를 가리지 않고 곳곳에 '작은 도서관'을 설치하였다.

대통령은 처음의 만류와는 달리 틈틈이 도서관사업의 진행과 '작은 도서관'사업에 대한 언론이나 지자체의 자발적인 참여를 긍정적으로 평가하셨다. 마침내 2007년 9월엔 '온 누리에 작은 도서관을'이라는 슬로건으로 올림픽공원에서 '제1회

대한민국 도서관축제'가 개최되었다.

도서관 사업에 대한 우리의 시선은 국내에만 머물지 않았다. 2005년 우리나라 문화계의 최대 이슈는 한국이 주빈국 행사를 주관하는 '2005 프랑크푸르트도서전'이었다.

프랑크푸르트도서전은 유럽에서 문화올림픽으로 인식될 만큼 전통과 권위를 자랑하는 국제행사다. 매년 110여 개국이 참여하여 수십만 권의 책과 신간을 소개한다. **주빈국으로 선정된 나라는 자국의 서적과 문화 전반을 홍보할 수 있는데, 우리나라는 아시아에서 일본에 이어 두 번째로 주빈국이 되었다. 우리나라의 출판문화를 세계에 알릴 수 있는 기회였다.**

2부속실에서는 권양숙 여사가 주빈국 행사 조직위원회 명예위원장을 맡아 프랑크푸르트도서전에 대한 국가적 관심을 고조시키도록 했다. 애초 턱없이 빈약했던 준비예산도 국가 위상과 문화홍보를 위하여 늘려 잡았다. 3월부터 10월까지는 쾰른, 라이프치히 등 독일의 주요도시를 다니며 29개의 프로젝트와 이벤트를 진행하였다. 한국의 대표적인 작가들이 시를 낭송하고 소설을 읽어주며 유럽 출판문화계의 눈길을 사로잡았다.

2005년 4월에는 한국을 방문한 페트라 로트 프랑크푸르트 시장과 김우창 조직위원장, 황지우 총감독을 청와대로 초청해 격려했다. 그해 9월 대통령의 독일 방문시에는 프랑크푸르트도서전 독일 관계자들을 접견하고 준비와 진행사항을 점검했다.

10월 19일부터 23일까지 열린 주빈국 행사는 한국 출판문화의 어제와 오늘, 그리고 내일을 유감없이 보여주었다. 전시회 기간 동안 한국관은 세계에서 몰려든 업체와 기관들로 발디딜 틈 없이 붐볐다고 한다. 프랑크푸르트도서전을 무사히 성공적으로 마치고 출판문화 업계와 도서관계자들은 영부인께 감사의 인사를 드렸다.

2005년에 이어 2006년엔 서울에서 '세계도서관정보대회'가 열렸다. 권 여사는 이번에도 조직위원회 명예회장을 맡아 도서관 관계자들을 격려했다. 또 나는 세계도서관대회가 '작은 도서관', '기적의 도서관'을 활성화하는 계기가 되도록 여건을 조성해 나갔다.

8월 20일부터 24일까지 코엑스에서 열린 '2006 서울세계도서관정보대회'는 "도서관: 지식정보 사회의 역동적 엔진"이라는 주제로 150여 개국 5000여 명이 참석하며 성황리에 막을 내렸다.

그러나 '작은 도서관'과 국제행사의 연이은 성공에도 불구하고 도서관 사업은 인프라의 한계에 부딪혔다. **먼저 도서구입 예산의 부족으로 도서공급이 원활하지 않았다. 다음으로 노하우가 부족해 지속적이고 체계적인 운영관리가 어려웠다. 세 번째는 도서관끼리의 도서네트워크가 미흡하다는 점이었다.**

그중에서도 네트워크가 중요했다. 통합관리만 되면 앞의 한계도 극복하기 용이했다. 국립중앙도서관이 사령탑을 맡고 학교도서관, 지역도서관, 공공도서관, 그리고 마을의 작은 도서관이 서로 연계해 도서공급, 운영관리, 사서교육을 분담하면 된다.

그러나 그게 쉽지 않았다. 주무부처부터 서로 달랐기 때문이다. 학교도서관은 교육인적자원부, 지역도서관은 행정자치부, 공공도서관은 문화관광부 소관이었다. 문화관광부와 협의해 보니 현재 가장 시급한 것은 도서관을 통합관리할 수 있는 위원회 설립이라고 하였다. 정치력이 부족한 도서관계의 오랜 숙원이기도 했다. 부처간의 조율, 컨트롤타워 역할을 하는 국립중앙도서관 디지털사업, 작은 도서관문화 사업, 특성화 도서관(어린이, 취업, 미술, 환경, 생태 등) 개발사업 등 장기적 도서관 발전계획을 세워나가야 했다.

사업의 필요성을 검토하고 위원회를 설립하는 것은 작은 일이 아니었다. 이것은 대통령의 결재가 있어야 가능한 일이었다. **나는 도서관 발전계획안에 대한 대통령이 주재하는 간담회를 요청했다. 2006년 초에 정동채 문화관광부장관, 한상완 한국도서관협회장, 신기남 의원 등과 함께 대통령과 간담회를 가졌다.** 대통령은 우리나라가 지식정보 강국이 되려면 시간이 걸리더라도 도서관에 대한 통합관리가 필요하다는 점에 충분히 공감하고 있었다.

노무현 대통령이 참석자들에게 물었다.

"그럼 제가 여러분께 해드릴 일이 무엇입니까?"

"국무총리 직속으로 도서관위원회를 만들어주십시오."

"총리 직속으로 해서는 추진력을 가지기가 힘듭니다. 총리가 대통령보다 자주 바뀌니까요. 제 생각엔 기왕에 하는 거 대통령 직속으로 만들어 지속적으로 관리하는 게 좋을 듯합니다."

참석자들은 총리 직속 위원회만도 큰 성과라고 생각하고 있었는데 대통령은 장기적인 계획안을 추진하기 위해서는 대통령직속

위원회로 설립하라고 지시하였다. 도서관계의 오랜 소망이었던 '도서관정보정책위원회'는 그렇게 탄생하였다.

도서관정보정책위원회 설치근거를 담은 도서관법 개정안은 2007년 4월에 정식 발효되었다. 이 위원회는 체계적인 도서관 정책 및 계획의 수립과 함께 관련부처 간 협의조정을 담당한다. '대통령 직속 도서관위원회'로는 미국에 이어 세계에서 두 번째다.

그러나 생긴 지 8개월 만에 큰 시련이 닥쳐왔다. 2008년에 정권이 바뀌면서 다른 위원회들과 함께 존폐 위기에 처한 것. 다행히 한상완 위원장을 비롯한 도서관계 많은 사람들의 노력과 국제도서관협회연맹(IFLA)의 한국문화 발전에 대한 우려와 협조요청 등 다양한 노력으로 폐지의 고비를 넘겼으나 권한은 많이 축소된 것으로 알고 있다.

참여정부의 도서관 정책은 2003년부터 제2부속실에서 도서관 사업을 추진하면서 임기 말까지 큰 성과를 거두었다. 이 기간 중 공공도서관의 수는 462개에서 582개로 120개 늘어났다. 학교도서관도 8181개에서 1만15개로 2000개 가까이 증가하였다. '작은 도서관' 또한 157개가 생겼으며 도서관정보정책위원회를 통해 통합관리도 가능해졌다.

  내가 사는 마포에도 주민자치센터 별로 '작은 도서관'이 많이 만들어졌다. 그곳에서 동화책을 읽으며 꿈과 상상력을 키우고 있는 아이들을 보면 청와대 시절 흘린 구슬땀이 헛되지 않은 것 같아 뿌듯하다.

3부

세상을 바꾸는 희망의 한 걸음

너는 할 수 있어

그런 이야기가 있다. 시골에서 갓 상경한 일가족이 달동네 판잣집을 전전하며 고생스럽게 사는 이야기. 아버지는 과일 행상 리어카를 끌고 어머니는 하루 종일 방귀퉁이에서 목걸이 고리를 달거나 종이봉투를 접고, 한여름에도 겨울스웨터에 수를 놓는다. 단칸 월세방에서 그런 아버지, 어머니를 바라보며 자라나는 5남매는 한끼 누룽지 밥상에 매달린다. 1960~70년대 배경의 드라마에 나오는 이야기들.

1964년 겨울, 나는 5남매의 장녀로 태어났다. 위로는 오빠가 있고, 아래로는 여동생 둘에 남동생 하나. 2남 3녀다.

아버지는 경북 문경에서 올라와 동대문시장의 쌀집 점원부터 과일행상, 등짐장사, 연탄가게, 얼음가게, 국수가게, 자전거 수리 등에 이르기까지 닥치는 대로 일을 했지만, 끝내 가난을 면치 못했

다. 순박하고 요령이 없는 데다 술을 좋아했기 때문이다. 그래서 우리 5남매는 월세 단칸방을 찾아 박스 짐을 싸서 자주 이사를 다녀야 했다.

약수동에서 성남으로 이사했다가, 다시 내곡동을 거쳐 면목동으로 옮기는 식이었다. 어찌나 자주 짐을 쌌던지 주민등록초본을 떼면 몇 장씩 수북이 쌓일 정도다. 어린 나이에 고단한 삶이었지만 그때는 다 그렇게 사는 줄 알았다. 물론 초등학교에 들어가면서 세상엔 우리보다 부자인 사람들도 많이 있다는 걸 알았지만 말이다. 그래도 나는 기가 죽지는 않았다.

아버지는 나에게 늘 '예쁘다', '잘한다'고 칭찬을 해주셨다. 그래서 나는 초등학교에 다니면서도 또래의 남자아이들에게 져본 적이 없다. 아버지가 심어준 자신감 덕분인지 무슨 일이든 노력만 하면 다 잘할 수 있다고 생각했다. 자신감은 나이가 들면서 책임감으로 바뀌어갔다.

반면 가난과 생활고, 5남매의 양육으로 어머니는 많이 힘들어하고 계셨다. 그런 어머니를 기쁘게 해드릴 수 있는 유일한 방법은 상장을 받아오는 것이었다. 어머니도 그 순간만큼은 환하게 웃었기 때문이다. 그때마다 어머니는 입버릇처럼 나에게 말했다.

"너는 나처럼 살지 마라."

학창 시절에 나는 학교와 교회와 집을 다람쥐 쳇바퀴 돌 듯 오가는 생활을 반복했다. **단칸 월세방을 전전했기에 집보다는 학교와 교회에서 보내는 시간이 많았다. 공부도 잘 했고 친구도 많은 편이었다.** 친구들 사이에서는 싹싹하고 유쾌한 아이로 통했다. 어쩌면 어려운 집안 형편 때문에 더욱 밝고 쾌활한 모습을 보여주려고 했는지도 모르겠다.

하지만 간혹 미래에 대한 불안이 엄습해올 때면 까칠한 면도 있었다.

중학교 '도덕' 시간에 있었던 일이다. '자아와 직업지도'라는 주제로 수업을 진행하고 있었는데 선생님의 말씀이 그만 가슴에 걸리고 말았다. 내용인즉 '교도소의 범죄자 대부분이 가난하고 어려운 환경에서 자란 사람들'이라는 것이었다. 나도 모르게 손을 들고 질문 했다.

"가난하고 어려운 환경에서도 훌륭하게 성장한 사람은 얼마든지 많습니다. 선생님 말씀대로라면 가난한 집 아이들은 공부를 열심히 해도 소용이 없다는 건가요? 어려운 환경에서 자라는 아이들은 꿈을 꾸어선 안 되는 건가요?"

당시 우리 반 친구들은 내 가정형편을 전혀 모르고 있었다. 선생님 말씀에 대한 나의 반문은 빠듯한 살림살이 때문에 꿈을 이루지 못했던 나의 경험에서 비롯되었다. 초등학교 3학년 때 미술대회에서 1등을 한 후 화가의 꿈을 꾸었을 때도, 중학교 1학년 때 국어선생님의 권유로 작가의 꿈을 꾸었을 때도, 어려운 집안형편이 발목을 잡았다.

이런 내 우려는 곧 현실로 나타났다. **중학교 3학년이 되자 당연히 인문계로 갈 것이라고 믿었지만 어려운 가정형편 때문에 불가능해졌다. 부모님은 내가 서울여상에 진학해 살림살이에 도움이 되기를 바랐다.** 아버지는 내게 자신감을 심어주었고, 어머니는 독립심을 키워주었지만 가난의 장벽은 넘지 못했다. 나는 받아들이기 힘들어서 반항하고 울기도 했지만 달리 선택할 방도가 없었다.

서울여상은 주로 가난하지만 공부를 잘 하는 아이들이 다니는 학교였다. 졸업 후엔 대기업을 비롯해 좋은 직장에 취직이 되기 때문에 커트라인도 매우 높았다. 200점 만점에 190점 이상인 학생들만 3분의 1을 넘었다. 우리 집 형편도 그때서야 친구들에게도 알려졌다. 공부 잘 하는 아이가 서울여상에 시험치는 이유는 집안형편이 어렵기 때문이었다.

마음을 잡을 수 없었다. 1980년 서울여상 입학 후 1년 동안 나는 반항심이 가득했다. 수업시간엔 맨 뒷자리에 앉아 선생님께 말대꾸하고, 쉬는 시간엔 왁자지껄 노느라 정신 없었다. 공부라는 걸 잘할 필요가 없다고 생각했다. 주말에는 친구들과 종로로, 청량리로 놀러 다니며 시간을 보냈다.

당시로선 그렇게 하지 않고는 견딜 수가 없었다. 제아무리 공부를 열심히 해도 지긋지긋한 가난의 굴레를 벗어날 수는 없을 것이라는 생각이 들었다.

그런 나에게 인생의 전환점을 마련해 주신 분이 바로 1학년 담임이었던 홍성열 선생님이었다. 홍 선생님은 대학을 졸업하고 서울여상에 부임한 지 10년째인 유능한 교사였다. 선생님은 나와 비슷한 처지의 학생들을 많이 보아서인지 나의 어설픈 반항도 너그럽게 받아주셨다. "오늘은 어디 가서 놀았니, 어제는 일찍 갔니?" 하시면서 나의 생활에 관심을 보여주었다. 그런 선생님이 고등학교 1학년 겨울방학에 위암으로 돌아가셨다.

그때까지만 해도 나는 선생님의 사모님이 서울여상 출신이라는 것을 몰랐다. 그래서인지 선생님은 서울여상 학생들의 고민을 누구보다 더 잘 이해하고 있었다. 선생님은 함께 놀아주고, 이야기를 들어주며 내가 제자리로 돌아오기만을 기다리고 있었다. 방황과 고민 속에서 스스로 성장해 나가도록 큰 울타리가 되어 주셨다.

병문안을 하러 간 날 홍 선생님은 나의 손을 꼭 붙들고 말씀하셨다.

"너에게는 능력이 있다. 네가 맘만 먹으면 뭐든지 해낼 수 있다. 결코 포기하면 안 된다."

태어나서 처음으로 마주친 죽음 앞에서 지난 일년 간 방황하며 나를 둘러싸고 있던 좌절감을 딛고 다시 열심히 공부하

가난에도 불구하고 꿈을 포기하지 않았던 서울여상 시절

기로 마음먹었다. 그 옛날 아버지가 내게 주었던 '긍정의 힘', '할 수 있다는 자신감'이 선생님 덕분에 다시 돌아왔다. 나는 다시 책상 앞에 앉았다. '일단 열심히 공부해서 우수한 성적으로 졸업하고 좋은 직장에 취업해야만 가난을 벗어날 수 있다. 그다음에 대학에도 가자' 마음 먹었다.

또래의 인문계 고등학생들이 대입학력고사를 준비하고 있을 때 나는 충무로에 있는 회사로 출근을 시작하였다. 회사에서 나의 임무는 복사하고, 커피 타고, 담배 심부름 하는 일이었다. 복사실은 그야말로 전쟁터였다. 화장실이라도 갔다가 뒤로 밀리면 과장에게 한소리 듣기 일쑤였다. 내가 이 일을 하려고 서울여상 나왔나, 싶은 마음을 꾹꾹 눌러 담았다.

대부분의 선배들처럼 나도 '주경야독'을 시작했다. 서울역 건너편의 대일학원에서 새벽반 한 타임, 퇴근 후 두 타임을 수강하고 집에 돌아오면 밤 11시. 그 길로 독서실에 가서 공부하다가 앉은 채로 잠이 드는 게 나의 일상이었다. 물론 그런 식으로 공부를 해서 효율을 기대하기란 어려웠다. 강의를 듣는 시간보다 꾸벅꾸벅 조는 시간이 더 많았으니 말이다.

그렇게 힘겹게 직장과 공부를 병행하고 있을 무렵 같은 부서의 서울여상 선배와 저녁을 함께 할 기회가 생겼다. 당시 회사 사무실에선 자리 배치가 곧 서열이었다. 고졸 신입사원인 내가 맨 앞이었고 바로 뒤로 학교 1년 선배, 10년 선배, 그리고 대졸 1년차 대리, 과장의 순이었다.

그날 함께 저녁을 먹었던 사람은 10년 선배. 실은 평소 학교망신 시킨다고 여기던 언니였다. 아침마다 지각을 일삼았다. 그렇게 불성실하게 회사를 다닐 바엔 그만두는 게 낫지 않을까, 생각한 적도 있었다.

그러나 선배의 이야기를 들어보니 고개를 끄덕일 수밖에 없었다. 그녀도 가난한 집안에서 태어나 어린 동생들이 줄줄이 매달려 있었다. 대학조차 꿈꾸기 어려운 형편이었다. 그저 회사일 잘 해서 돈 벌고 남동생들 대학까지 학비와 생활비 보태는 낙으로 살았다고 한다.

그래서 입사 후 4~5년 동안 정말 열심히 일했다고 한다. 마침내 회사의 모든 실무를 섭렵하고 상당한 수준의 비즈니스 영어까지 구사할 수 있게 되었고, 새로 들어온 대졸사원도 이 선배 앞에서는 쩔쩔 매며 해외통화를 부탁해야 했다.

그러던 어느 날 회사에 출근한 선배는 자신의 뒷자리에 대졸 신참 직원이 대리로 앉아 있는 것을 발견하였다. 아니, 자기 일도 제대로 수습 못 하는 직원이 상사라니…. 그후로 선배는 회사 일에 흥미를 잃어버렸다. 잘려도 좋다는 마음으로 회사를 다닌다고 했다. 그렇지만 회사에서 선배를 해고할 수는 없었다. 그녀가 비록 승진승급 체계에서는 한참 아래지만 무슨 일이든 척척 해내는 만능직원이었기 때문이다.

'지금 저 언니의 모습이 10년 후 내 모습이 아닐까?'

그때 교회 선배와 친구들이 들려준 대학 이야기가 떠올랐다. 그 가운데는 세상을 보는 새로운 시각도 있었다. 정치와 사회가 가난한 사람들의 삶에 영향을 미친다는 것이었다. 아무런 희망도 없이 직장에 다녀야 하는 여성들과 관계가 있다는 것이었다. 나는 다시 꿈을 꾸기 시작하였다.

'대학을 졸업하면 아버지와 어머니, 선배 언니와 나 같은 사람의 운명을 바꿀 수 있지 않을까? 그래, 내가 꿈꾸는 미래를 위해 제대로 한번 공부해보는 거야.'

나는 회사 출근 6개월 만에 사표를 던졌다. 물론 부모님에겐 비밀이었다. 회사 가는 척 하며 한 달 동안 종로에 있는 정독도서관에서 공부했다. 한 달이 지나자 부모님이 내가 회사를 그만둔

것을 알게 되었다. 그 사실도 모르고 집으로 들어가던 나는 아버지에게 두들겨 맞고 집을 나왔다.

일단 되는 대로 독서실에 거처를 정하고 입사동기인 서울여상 친구들을 찾아다녔다.

친구들은 십시일반으로 나를 도와주었다. 대학입시를 준비하는 동안 학원비, 참고서 값, 차비를 대주었다. 월급의 10분의 1을 꼬박꼬박 보내준 친구도 있었다. 본인들도 빠듯한 삶이었다. 그런 도움을 받고 떨어지면 친구들을 볼 면목이 없을 것이다. 배수의 진을 치고 죽기 살기로 공부했다. 연세대학교에 합격했다.

나의 늦은 대학생활은 그렇게 첫걸음을 떼었다.

열 사람의 한 걸음이 세상을 바꾼다

'연세대학교 철학과 85학번 이은희….' 나는 드디어 대학생이 되었지만 생활의 어려움이 일시에 풀릴 수는 없는 일이었다. 입학 등록금은 간신히 마련했지만 이후로는 어떻게 해서든 혼자 힘으로 학교를 다녀야 했다. 과외 아르바이트로 생활비를 벌면서 학점도 장학금을 받을 만큼 끌어올려야 했다.

그 와중에 학과의 사회과학 학습팀에 들어갔다. 달동네와 직장에서 나의 삶을 옥죄었던 사회현실에 대해 자세히 알고 싶었다. 가난과 차별이 사회의 구조적인 모순에 의해 발생한다는 걸 알았다. 그것을 바꾸기 위해서는 노동현장으로 들어가 노동자들을 의식화, 조직화해야 한다고 말하는 선배들도 있었다.

사회의 구조적인 모순에 대해서는 어느 정도 수긍할 수 있었다. **독재와 특권, 그리고 가부장제가 나의 삶에 어떤 영향을 끼**

쳤는지 이해할 수 있었다. 그런데 무조건 노동현장으로 가야 한다는 주장은 쉽게 납득하기 어려웠다. 선배들의 생각대로라면 나는 대학 교정에 있어선 안 될 사람이었다. 빈민의 딸로 태어났으니 노동자로 살면서 사회의 모순과 맞서 싸워야 한다.

하지만 나는 온몸으로 가난을 겪으면서도 희망의 끈을 놓지 않으려고 발버둥쳤다. 단지 여상 나왔다는 이유로 직장에서 커피, 복사, 담배 심부름을 하다가 절치부심 노력해서 대학에 들어왔다. 그런 나보고 다시 노동자가 되라고? 저 선배들은 달동네와 여성노동자들이 겪는 절망을 제대로 알기나 할까?

그러나 나는 전두환 군사독재에 맞서 집회를 여는 현장엔 빠지지 않고 참여했다. 비록 내가 가진 지식이 중고등학교 때 교과서에서 배운 게 전부일지라도 무엇이 옳고 그른지는 알 수 있었다. 최루탄에 질식해 눈물 콧물 쏟으면서 나는 힘겹고 외로울 때마다 자신감을 심어주고 자기 일처럼 도왔던 사람들을 떠올렸다.

나에게는 부모님, 홍성열 선생님, 교회 선후배들, 그리고 빠듯한 사정에도 불구하고 나의 대학입시를 응원해준 서울여상 친구들이 있었다. 그 사람들을 위해서라도 나는 혼자만의 삶을 살아갈 수 없다. 내가 보답할 길은 세상에 보탬이 되는 사람이 되는 것뿐이었다. 가난과 차별의 배후인 군사독재에 맞서는 것도 내가 해야 할 일이었다.

나는 2학년 2학기에 접어들면서 등록금과 생활비 마련을 위해 1년 동안 학교를 휴학했다. 그전까지는 과외를 하면서 주위의 도움을 받아 근근이 학교를 다닐 수 있었다. 그러나 그런 식으로는 더 이상 버틸 수가 없었다. 나는 출판사 교정, 항공사 인턴, 과외선생 등 닥치는 대로 아르바이트를 했다. 그리고 저녁엔 총학생회 일을 도우며 집회와 시위에 참가하였다.

당시는 유인물을 등사기로 찍어내던 시절이었다. 서울여상 출신인 내가 타자를 쳤다. 속기선수에다 타자 2급이니까 선배들이 보물단지 들어왔다면서 귀여워했다. 워낙 타자 솜씨가 빠르다보니 나를 '조타수'라고 불렀다.

1986년 10월 1300여 명이 일시에 구속된 '건대사건'이 터졌다. 나는 휴학하고 아르바이트를 하느라 건국대 집회에 가지 못했지만 많은 친구들이 구속되어 고초를 치렀다.

1987년 1월엔 서울대생 박종철이 남영동 대공분실에서 물

고문을 받던 중 사망하였다. 당국은 "탁 치니 억 하고 죽었다"
고 발표했지만 천주교정의구현사제단에 의해 진상이 밝혀지
면서 국민을 분노케 하였다. 전두환 군사독재를 무너뜨리기
위한 투쟁이 더욱 격렬해졌다. 나 역시 적극적으로 투쟁에 참
여하였다.

6월 9일, 연세대학교에서는 다음날 있을 고문살인 규탄대
회에 참가하기 위한 결의대회가 열렸다. 이 자리엔 후배 이한
열도 참가했다. 집회 후 시위를 벌이고 돌아온 우리는 현장
에서 주운 '주인 없는 신발 한 짝'이 한열이의 것인 줄도 몰랐
다. 그 시각 한열이는 전투경찰이 쏜 최루탄에 뒷머리를 맞아
사경을 헤매고 있었다.

이 소식이 알려지자 6월의 아스팔트는 뜨겁게 달아올랐다.
'넥타이 부대'의 시위 참여는 '국민항쟁'의 신호탄이 되었다. 20여
일간 전국적으로 500여 만 명이 참가하여 4·13호헌조치 철폐, 직
선제개헌 쟁취, 독재정권 타도를 외쳤다. 국민이 반독재 민주화를
요구한 것이다. 이것이 바로 '87년 6월 항쟁'이었다.

결국 당시 민정당 대통령 후보였던 노태우가 직선제 개헌
과 평화적 정부이양을 골자로 한 6·29선언을 발표하였다.
전두환 군사독재의 전횡을 평범한 국민들의 힘으로 저지한

것이다.

그러나 한열이는 한 달 동안 사경을 헤매다가 22살의 어린 나이로 세상을 떠나고 말았다. 나는 한열이의 죽음이 헛되지 않으려면 12월 대선에서 반드시 민주정부를 수립해야 한다고 생각하였다.

그해 2학기에 복학한 나는 김대중으로 후보단일화를 요구하며 삭발을 하고 단식투쟁에 들어갔다. 단식투쟁은 뜻을 같이 하는 학생회 대표들과 함께 학생회관과 민주광장에서 일주일간 계속되었다.

"우리는 한열이의 죽음을 딛고 6월 항쟁의 성과를 쟁취하였습니다. 그러나 민주정부를 세우기도 전에 또 다시 분열해 노태우에게 투쟁의 결실을 안겨주게 생겼습니다. 결코 용납할 수 없습니다. 후보 단일화만이 역사에 죄를 짓지 않는 유일한 길입니다."

결국 12월 대선은 민주세력의 분열로 인해 노태우 후보의 승리로 끝이 났다. 분열의 상처는 쉬이 아물지 않았다. 학생운동도 '비판적 지지'와 '후보 단일화'로 나뉘어 대립했던 후유증을 극복하지 못한 채 사분오열돼 있었다.

그러나 돌이켜보면 우리가 6월 항쟁의 성과를 온전히 다 빼

1988년 3월 연세대학교 1대 총여학생회장으로 당선되었다

앗긴 것만은 아니었다. **국민항쟁 이후 시민의 권리에 눈을 뜬 사람들이 자신들의 대중조직을 세우려는 움직임을 본격화한 것이다.**

나는 걸어온 길을 되돌아보았다. 가난 때문에 자신을 희생해야 했던 그 많은 언니들과 복사하느라 하루 해가 다 지던 여사원 시절이 아련하게 떠올랐다. 여성의 권익을 옹호하고 홀로 서기를 돕는 일도 내가 할 일이라는 생각이 들었다.

당장 학생운동만 보더라도 여학생은 보조적 역할에 머무르고 있었다. 학교 내에 여학생들의 이해와 요구를 대변할 조직이 필요하였다.

9월에 '연세대학교 총여학생회 건설 준비위원회'를 만들었다. 우리는 연세대학교 후문에 있던 선교사 숙소에 기거하면서 활동을 시작했다. 밖으로는 여성단체연합과 연계하고 학교 안에서는 각 단과대학 학생회를 설득하며 대의원대회를 준비하였다.

1988년 3월 연세대학교 총학생회 선거가 치러졌고 나는 초대 총여학생회장으로 당선되었다. 나와 함께 총학생회장으로 선출되었던 정명수씨는 지금의 내 남편이다.

나는 의욕적으로 일을 해 나갔다. '5천 여학우'의 이해와 요구를 반영하기 위한 남녀공학 내 성문화의식 조사를 하고, 남녀평등이론을 중심으로 세미나와 토론회를 열었다. 5월에는 축제행사의 일환으로 '북한여성 바로알기' 전시회를 개최했다. 그러나 백양로에 전시한 첫날, 나는 국가보안법 위반 혐의로 체포당했다.

사실 '북한여성 바로알기' 전시회의 모든 내용은 이태영 박사가 북한을 다녀와서 쓴 『북한 여성』이라는 책을 확대 복사한 것이었다. 게다가 전 주에는 고려대학교에서도 같은 내용으로 전시회를 연 바 있었다. 국가보안법상의 '이적표현물' 혐의가 성립되기 어려웠다.

그런데도 나를 긴급 체포하는 무리수를 둔 것은 정치적인

의도로 해석할 수 밖에 없었다. 학생운동을 북한과 연계시켜 '용공조작'을 하려고 했지만 3개월 후 나는 국가보안법 기소 사상 처음으로 '기소유예'로 풀려났다.

나는 5월부터 8월까지 석 달 동안 서울구치소 독방에 수감 되었다. 그곳에는 나처럼 학생운동을 하던 여학생들이 독방에 갇혀 있었다. 후일 국회의원이 된 김희선 전의원도 그 시절의 '감방동지'였다. **우리는 각자의 방에서 창살에 매달려 함께 구호를 외쳤다. 정해진 시간에 집회도 하고 재판 준비에 대해 토론도 벌였다. 면회를 마치고 들어온 사람이 바깥의 투쟁 소식을 알려주면 동조단식에 들어가기도 하였다.**

그렇게 3개월을 보내고 나니 건강은 오히려 더 좋아졌다. 얼굴도 포동포동해지고 몸무게도 늘었다. 구치소에서 규칙적으로 식사하고, 운동하며, 취침한 덕분이다. 나는 그때까지 한 번도 자기만의 공간을 가지고 충분한 식사와 운동, 수면을 챙기며 생활한 적이 없었다. 어찌 보면 그 수감생활 동안 생애 처음으로 '의식주 걱정' 없이 편안하게 살았던 시기였다. 출소한 날 누군가 뽀얀 내 얼굴을 보고 "우유에서 건진 딸내미 같다"고 농담을 했다

구치소에서 나온 후에는 여성의 권리를 찾고 의식을 높이는 사업을 위주로 총여학생회를 꾸렸다. 여학생들의 졸업성적이 아무리 탁월해도 취업추천서는 남학생들 위주로 써 주는 게 대학가의 현실이었다.

나는 학생처와 협의해서 여학생의 취업영역을 넓히는 데 학교가 발 벗고 나서도록 하였다. 또 여성리더십 교양강좌를 개설하고 MT를 통해 여학생의 의식을 고양하기 위해 노력했다.

그러자 학생운동 간부들 사이에서 비판의 목소리가 흘러나왔다. 투쟁중심으로 가도 모자랄 판에 왜 힘을 분산시키느냐는 것이었다. 여성권익옹호 사업의 중요성을 이해하지 못하거나 시급하지 않다고 보는 입장이었다. 심지어 남녀공학에서 여학생 조직을 따로 운영하는 것 자체가 문제라는 사람들도 있었다.

그러나 내 관점은 달랐다. 학생운동에 대한 사회적 이해를 넓히려면 각 분야별로 대중의 힘을 길러야 한다고 생각했다.

87년 6월 항쟁은 대중의 힘이 얼마나 위대한지 보여주었다. 학생운동 조직이 대중조직으로 전환한 이유도 여기에 있다. 학생들

이 자신의 이해와 요구에 맞는 조직에서 권리를 찾고 의식을 기른다면 사회민주화운동의 세력도 커진다. 그러므로 대중사업을 활성화해야 사회민주화를 향한 국민의 힘이 커진다는 것이 나의 생각이었다.

여성 조직도 마찬가지였다. 내가 겪어본 바에 따르면 여성이 직장에 들어갔을 때 자신의 권리를 찾기란 무척 어려운 일이었다. 승진승급 체계에 불만이 있어도 조직이 없기에 기껏해야 사표를 내는 식으로 자신의 뜻을 표현하는 수밖에 없었다. 총여학생회를 통해 자기가 발 딛고 선 현실을 이해하고 진로와 방향, 연대의 필요성을 치열하게 고민한다면 사회에 나가서도 충분히 민주시민으로서 권리를 행사할 수 있다.

그래서 나는 교문 앞 투쟁만이 능사가 아니라고 생각하였다. **전두환 군사독재를 무너뜨린 것은 몇 사람의 선도투쟁이 아니라 수백만 국민의 참여였다. 세상을 바꾸는 것은 한 사람의 열 걸음이 아니라 열 사람의 한 걸음이라고 믿었다.**

1988년 3월 서울대 총학생회장 선거에 출마한 김중기 후보가 '김일성대학 청년학생들에게 드리는 공개서한'을 발표했다. 서한의 내용은 88올림픽을 민족 화해의 축전으로 만들 것을 기원하며, 남북한 국토종단 순례대행진을 8월 15일, 남북한 청년학생 체육대회를 9월 15~17일로 제안한다는 것과 이를 위한 실무회담을 6월 10일에 하자는 것이었다.

이를 계기로 통일투쟁의 열기는 순식간에 전국의 학생운동으로 번져나갔다. 이 때문에 학생운동권 내부에서는 조국통일운동을 두고 치열한 논쟁이 벌어졌다. 한 그룹은 상반기에 북한 바로알기 사업을 벌이고 남북학생회담 추진을 기점으로 통일운동의 파고를 높이려는 계획을 가지고 있었다. 반대파에서는 민중과 광범위하게 연대해 광주학살자들을 처벌하는 게 우선이라는 입장이었다.

나는 후자를 지지하는 입장이었지만 통일운동도 필요하다는 입장이었다. 특히 '북한여성 바로알기' 사업은 여학생들이 북한여성의 실상을 접할 좋은 기회이며 5월 축제의 특성상 북한의 현실에 대한 이해가 높아질 것이라고 판단했다. 그래서 전자의 입장이었던 총학생회와 협력해 전시회를 준비한 것이다.

그런 면에서 총학생회장이던 정명수와는 통하는 점이 있었다. 그는 조국통일 투쟁만 고집하지 않았다. 광주학살자 처벌 투쟁은 물론 상황과 시기, 주제에 따라 다양한 정치그룹의 요구를 총학생회 사업에 담았다. 당시에 그와 사귄 건 아니지만 그런 유연하고 배려하는 모습이 인상적이었다.

1988년 11월 총학생회 선거가 열렸다. 학생회 규정을 바꾸어 가을에 선거를 하기로 한 것이다. 총학생회와 총여학생회는 각각 정치적 입장이 다른 쪽에게 넘어갔다.

12월에 인수인계를 해주면서 우리는 동병상련처럼 서로의 고민을 나누기 시작했다. 호감은 자연스레 사랑으로 발전했고 우리 둘은 사귀기로 결정하였다. 그는 나보다 두 살이 어렸지만 우리에게 나이가 걸림돌이 되지는 않았다.

연애를 시작하긴 했지만 그는 '가까이 하기엔 너무 바쁜 당신'이었다. 정명수는 제2기 전대협 부의장으로, 의장 권한대행을 맡고 있었다. 오영식 의장이 일찍 잡혀갔기에 부의장인 그가 전국을 다니면서 연대사업을 펼쳤다. 광주청문회에 나가 대학생들의 입장도 대변해야 했고, 제3기 의장인 임종석을 만나 전대협 사업의 인수인계도 해야 했다.

전대협 회장권한대행 임기가 끝나서도 우리의 연애는 순탄치 않았다. 그가 노동운동에 투신하기 위해 대학 출신을 숨기고 고졸 출신의 다른 사람 이름으로 포항에 내려간 것이다.

반면 남은 학점을 이수해야 했던 나는 서민통(서울민주통일 운동연합, 의장 문익환)에서 새로 문을 연 시민학교 교무부장으로 일하게 되었다.

나는 생활인들이 사회현실을 보는 시야를 넓히고 주위 사람들과 힘을 모아 자신의 운명을 개척한다는 시민학교의 취지에 공감하였다. 내가 총여학생회와 대중조직에 애착을 가졌던 이유가 여기에 있었기 때문이다. 나를 대학에 보내기 위해 십시일반 힘을 모았던 친구들을 생각하면서 내가 해야 할 일이 시민과 함께하는 일이란 생각이 들었다.

현대판 견우와 직녀처럼 그렇게 각자 세상에 공헌하는 길을 찾아 나섰다. 그는 노동운동의 한 축을 든든히 지키는 노동자가 되기로 했고, 나는 시민의 의식 개선과 민주사회를 만드는 생활정치에 나서기로 했다. 하지만 우리의 꿈은 남편의 구속으로 좌절되었고, 결혼 이후 한동안 생활전선을 꾸려나가느라 바빴다. .

입장바꿔 생각을 해봐

미혼여성은 대체로 자기 자신의 삶을 산다. 반면 결혼한 여성의 삶은 자신보다 남편과 자녀, 시댁식구와의 관계에 의해 결정되는 경우가 많다. **아이를 낳고 키우는 여성에게 결혼생활은 때때로 인생의 감옥으로 변하곤 한다. 경제적 부담은 물론 자녀양육과 가사노동, 그리고 사회활동의 제약과 자아상실감 등이 결혼한 여성의 삶을 에워싸버리기 때문이다.**

남편과 결혼하기 직전인 1990년, 나는 합정동에 있는 서울민통련 시민학교 교무부장 일을 하면서 만리동 고갯길(공덕동)에 있는 단칸 월세방에서 여동생 둘과 살고 있었다. 연세대학교 마지막 학기를 다니기에도 사무실에 출근하기에도 적당한 위치였다.

결혼 전이긴 했지만 남편의 집은 건너편 공덕2동의 오래된 한옥집이었다. 남편은 공덕동에서 태어나 공덕초, 동도중, 한성고를 졸업하고 연세대학을 다녔으니 그야말로 마포토박이였다.

1989년부터 남편은 노동운동을 하기 위해 포항에 내려가 있었다. 2년 동안 선반, 밀링 등 자격증을 준비하고 입사시험을 거쳐 포항제철에 고졸 노동자로 합격했다.

그런데 입사 오리엔테이션을 받으러 간 첫날, 위장취업(대학생이 고졸 출신의 다른 사람 이름으로 취업)이 탄로나 구속되고 말았다. 그로부터 일주일 후 나는 짐을 꾸려 그의 감옥 생활 뒷바라지를 하기 위해 포항으로 내려갔다.

다행히 '포항 노동자의 집' 주선으로 구속노동자의 집을 거처로 쓸 수 있었다. **방을 얻어 쓰는 대신 그 집의 갓난아이를 보살피며 6개월여 포항생활을 하였다. 나는 남편이 노동운동의 좌절로 힘들고 외로울까 봐 날마다 일기를 쓰듯 편지를 썼다. 남편과 나는 서로를 사랑하고 있었고 결혼을 약속했다.**

내가 시부모님을 처음 만난 것은 당신들이 경주구치소로 아들 면회를 왔을 때였다. 누구보다 큰 기대를 걸었던 막내아들이 노동운동을 하겠다는 것도, 위장취업으로 구치소에 간

힌 것도 부모로서 이해하기 어려운 때였다. 그런데 막내아들의 여자친구가 스스럼없이 포항에 내려와 감옥 뒷바라지를 하고 길안내까지 해주는 게 아닌가. 평상시 같으면 며느릿감으로 이모저모 세심히 따질 만도 했겠지만, 당신의 아들 면회를 위해 거침없이 간수들과 드잡이를 하며 특별면회를 만들어내는 당돌한 모습에 고마움이 더 앞서지 않았을까 싶다.

마침내 남편이 구치소를 나오자 시부모님은 큰 반대 없이 우리의 결혼을 승낙했다.

시어머니는 7남매의 장녀로 태어나 동생들에 대한 책임감과 강인한 생활력으로 살아오신 분이셨다. 그래서 어려운 가정형편 속에서도 열심히 공부하고 성격까지 당차고 쾌활한 며느릿감을 예쁘게 보아주신 것 같다.

시어머니는 결혼에 앞서 세 가지를 유념하여 생활하기를 원하셨다. 첫째, 주일을 지킬 것, 둘째, 형제간에 우애 있게 지낼 것, 셋째, 살림을 알뜰하게 꾸릴 것.

물론 결혼을 시켜 서울에 정착하게 되면 막내아들이 노동운동을 그만두고 평범한 생활인이 되지 않을까 하는 기대감도 가지고 계셨을 것이다.

결혼 전에 남편과 나도 부부생활을 위해 몇 가지 약속을 하였다. 돈벌이는 서로 5년씩 번갈아 책임지고, 가사와 육아는 분담하며, 아이는 둘만 낳고 셋째는 입양하기로 했다. 그 약속에 따라 처음 5년은 내가 미술학원을 운영하고 남편은 공부를 할 계획이었다.

하지만, 결혼식이란 두 사람의 사랑만으로 되는 게 아니라 양가 집안의 경제적 사정이 드러나는 엄연한 현실이었다. **막내아들의 결혼식을 잘 치르고 싶어 하는 시어머니의 생각과는 달리 우리 집은 가진 것이 너무 없었다. 아버지도 안 계시고 어머니와 동생들은 단칸방에 세를 살고 있었기 때문에 혼수나 예단을 준비할 만한 돈이 없었다.** 내가 300만 원의 은행대출을 받아 기본적인 살림살이는 장만했지만 결혼예물이나 시댁에 드릴 예단 등은 엄두도 내지 못하였다.

시어머니는 입 밖으로 서운한 내색은 하지 않으셨지만 마음이 편치 않았을 것이다. 시어른들의 기대치에 미치지 못한 건 죄송했지만, 친정엄마가 딸에게 미안해할까 봐 일부러 당당한 척 했다.

"시댁에서는 모든 걸 다 이해하셔. 딸 하나 잘 키웠으면 됐지 미안할 거 없어."

그럼에도, 시부모님과 남편이 나의 어려움과 고민을 너그럽게 품어준 덕분에 무사히 결혼식을 치렀다. **우리가 공덕교회에서 결혼식을 올리고 신혼살림을 차린 곳은 현재 공덕삼성 1차아파트가 들어선 재개발 예정지의 오래된 한옥이었다.** 좀 불편하더라도 집 구할 돈으로 연남동에 미술학원을 운영하기로 한 것이다.

이 집은 남편이 태어나고 성장한 고향집이기도 하였다. 남편은 이 집을 매우 사랑했다. 어린 시절의 손때 묻은 추억을 간직하고 있었기 때문이다. 마루를 끼고 방이 두 개 있었고 건넌방과 문간방이 있는 재래식 한옥이었다. 부엌은 문턱에서 두 계단을 내려가 연탄불갈이를 하도록 돼 있었고, 연탄광, 장독대, '푸세식' 화장실은 마당 한 귀퉁이에 떨어져 있었다.

우리의 주거생활은 마치 60년대 부모님 세대의 풍경을 90년대 서울의 한복판에서 재현하는 것 같았다. 낡은 흙벽에는 액자도 걸수 없고, 한겨울이면 외풍이 너무 심해 아랫목은 펄펄 끓는데도 방안에서 웃옷을 껴입어야 했다. 밥상을 들고 부엌과 마루를 오가며 상을 차리는가 하면, 방마다 연탄불갈이를 하고 아이 목욕을 시키려면 한바탕 난리를 해야 했다. 미술학원을 운영하며 어린아이 둘을 낳아 키우는 신혼주부에게는 불편한 점이 많은 집이었다.

하지만 이제는 재개발로 사라진 그 동네가 그립기도 하다. 골목길에서 내려오면 가게 앞에 동네 아주머니들이 오순도순 모여앉아 이야기 나누고, 크고 작은 동네일들을 서로 돕고 함께 나누던 그 분위기를 다시 찾기는 힘들다.

나도 사랑하는 사람과 결혼하기로 맘먹었을 때는 아기자기한 신혼생활과 예쁜 아기의 재롱을 보며 알콩달콩한 일상을 꿈꾸기도 했었다. 하지만 결혼생활은 신데렐라의 행복함보다는 부부 간의 가사노동과 육아분담, 경제적 책임 분담에 대한 생각의 차이로 갈등이 많았다.

결혼한 여성이 남편과 부부싸움을 하는 레퍼토리는 집집마다 다르겠지만, 그중에서도 가장 큰 것은 아마도 육아와 시댁 문제가 아닐까 싶다.

특히 직장생활을 하는 여성에게 가장 큰 고민은 육아다. 아이가 태어나기 전부터 누구에게 맡기고 일을 해야 하나, 심사숙고하게 된다. 내 경우엔 다행히 한 동네에 살고 있는 시이

모님이 맡아주셨는데 정성껏 잘 보살펴 주셨다. 큰 아이는 할머니, 할아버지의 사랑으로 큰 탈 없이 건강하고 똘똘하게 자랐다. 하지만 시댁 어른께 아이를 맡긴 나는 보육비를 드리긴했지만 마음의 부담과 미안함이 컸다.

아침이면 서둘러 출근 준비하랴 아이 우유병 챙겨 시이모님께 맡기랴 늘 분주하였다. 저녁에는 시간 맞춰 아이를 데리러 가야 하는데, 회식이나 모임이 있어서 늦게 되면 죄송하고미안한 마음에 시어른들께 주눅이 들었다. 아이는 아이대로늦게 온 엄마가 밉다는 듯, 달려오기는커녕 오히려 할아버지, 할머니에게 매달려 딴청을 부리곤 했다. 그럴 때면 아이에게미안한 만큼, 가슴이 메어지며 눈물이 나기도 하였다.

설상가상으로 둘째가 태어나자 육아일이 두 배가 아니라, 서너 배로 늘어났다. 게다가 작은 아이는 천식이 심해 걸핏하면 한밤중에 들쳐 업고 서울역 아동병원 응급실로 뛰어가야했다. **아침과 저녁에 시간 맞춰 아이를 맡기고 데려오고, 낮에는직장 일에 매달렸다가 저녁에는 아이들 뒤치닥거리에 바쁜 생활을 하고 있어도, 남편은 늘 자신의 일과 친구관계가 우선인 사람이었다.** 일이 늦어지는 날에는 남편에게 아이를 데려오라고 부탁도 했지만, 남편은 친구들을 만나느라 오히려 나보다 더 늦게 들어오기도 했다. 시어른들께도 아이에게도 너무 미안해서 그런 날이면 혼자서 펑펑 울기도 했다.

남편과 나는 결혼할 때 육아와 가사분담을 약속했지만 남녀가 살아온 세월의 차이만큼이나 생각의 차이도 컸다. 경제적 책임을 맡아 직장생활을 하는 것은 나였음에도 남편은 자신의 사회생활과 친구 관계를 우선순위로 생각하고 있었다. 가사노동과 육아는 원래 아내의 본업이므로 남편은 내가 해야 할 일을 때때로 돕는 것만도 최선이라는 입장이었다.

결혼한 여성이 심리적 압박감을 가장 많이 느끼는 시기는 아마도 명절연휴일 것이다. 최근 들어 결혼한 여성의 명절증후군 이야기가 많이 나온다. 이 증세는 가사노동, 시댁에 대한 부담감, 그리고 친정부모 생각이 복합적으로 얽혀 있다.

신혼 초에 집에서 요리나 설거지 등을 거들어주던 남편도 명절에 시댁만 갔다하면 주방일은 '나 몰라라'였다. 물론 시부모님이 방앗간을 했기 때문에 명절날 남편들이 바쁘기도 했다. 때때로 올망졸망한 어린애들을 봐주는 남편이 고맙기도 했지만 가사노동에 대한 오래된 관습은 쉽게 바뀌지 않았다.

가사노동 문제 이상으로 마음을 무겁게 하는 것은 시댁에 대한 부담감이다. 점점 자녀 수가 줄어들면서 시어머니를 '엄마'처럼 생각하고 며느리를 '딸'처럼 생각하는 고부관계도 늘어나고 있다. 그럼에도 불구하고 시댁과 며느리의 관계는 예나 지금이나 편치 않은 경우가 대부분이다.

명절증후군의 하이라이트는 명절 아침을 지내고 나서부터다. **내 경우엔 명절날에 혼자서 큰딸을 기다리고 있을 친정엄마를 생각하면 오후에라도 서둘러 친정에 가야 했다. 그런 사정을 뻔히 알면서도 남편은 서두르는 법이 없었고, 시어머니도 아들, 손주들 보는 재미에 친정에 보낼 생각은 미처 하지 않으셨다.**

나는 명절날 점심을 서두르고 설거지와 뒷정리도 얼른 끝내놓지만 시간이 지날수록 초조해진다. 3~4시가 지나면 먼저 주섬주섬 짐을 싸기도 했다. 그럴 때마다 시어머니나 다른 시댁 가족들의 눈치가 보이기도 했지만 남편이 더 얄미웠다.

'입장과 처지를 바꿔서 생각해 줄 수는 없나?'

그러다가 시댁에서 나오면 시어머니가 한 말씀 하신다.

"너는 매번 늦게 오면서 갈 때는 이렇게 동작이 빠르냐?"

"어머니, 저는 친정엄마가 혼자 계시기 때문에 가봐야 돼요.

죄송합니다."

시댁 대문을 나서면 이번에는 남편과 말다툼을 하게 된다.

"당신이 먼저 이야기할 수는 없어? 친정부모는 부모도 아니야?"

우리 사회에서 여성은 직업에 상관없이 결혼하면 본업이 똑같아진다. 아이 키우고, 가사 돌보고, 시댁 눈치 보고, 시댁의 대소사 챙기는 일이다. 여성들의 교육수준이 올라가고 남녀관계가 바뀌었다고 하지만 여성의 생활조건은 어머니 시절과 크게 달라지지 않았다. 이런 상황이 끊임없이 가족 간에 갈등을 일으킨다.

이제 사회와 남성들이 여성의 짐을 덜어줘야 한다. 먼저 사회가 변해야 한다. 육아휴직도 남성이 사용할 수 있도록 장려하고, 남성들의 인식 변화를 동반하는 정책이 있어야 한다. 남편들도 아내를 돕는 정도가 아니라 실질적인 분담이 필요하다. 텅 비어가는 아내를 반짝거리는 존재로 만드는 발상의 전환을 해야 한다.

물론 사회적인 뒷받침도 중요하다. 특히 육아문제가 그렇다. 아이는 온 마을이 키운다는 생각으로 접근해야 이 문제를 풀 수 있다.

나는 결혼하고 5년간 공덕동에서 살림하고, 연남동에서 미술학원을 꾸려나갔다. 학원 유치부에는 주로 맞벌이 부부나 넉넉하지 못한 가정의 아이들이 많았다. 2년째 접어들어 학원이 안정을 찾자 사회교육으로서 뭔가 의미 있는 있을 해야겠다는 생각이 들었다.

마침 그때 어머니 한 분이 자폐아를 데리고 찾아왔다. 어머니는 인지능력이 향상돼야 특수학교에 보낼 수 있다며 아이들과 어울릴 수 있도록 도와달라고 했다. 유치부 교사들은 반대했다. 자폐아가 들어올 경우 교사 한 명이 전담해야 하고 다른 아이들의 부모들이 싫어할 것이라고 했다. 하지만 나 자신이 부모 된 입장에서 손사래만 칠 수는 없었다.

결국 교사 급여를 올려주고 내가 일찍 나와서 돕는다는 조건으로 아이를 입학시켰다.

처음엔 수업분위기도 어수선하고 적응하는 데 애를 먹었다. 그 아이가 사물함 꼭대기에 올라가 앉거나 괴성을 지르는 통에 다른 아이들까지 전부 술렁이기 일쑤였다. 현장학습이라도 나갈라 치면 온종일 선생 한 명이 그 아이 꽁무니를 쫓아다니는 것도 일이었다. 그러나 시간이 지나자 조금씩 변화가 찾아왔다.

우리는 아이들에게 저 친구가 그런 행동을 하는 건 아파서 그런 거라고 이야기했다. 엄마, 아빠가 여러분을 보살피는 것처럼 너희들도 돌봐야 한다고 했다. 그러자 처음엔 이상해요, 하며 피하던 아이들이 밥 먹는 것, 화장실 가는 것도 챙겨봐주고, 현장학습을 나갈 때도 길을 잃지 않도록 손을 잡아주었다. 그렇게 1년이 지나니 괴성 지르는 버릇도 없어지고 그림도 척척 그리기 시작했다. 아이 엄마는 기뻐했고 얼마 후엔 특수학교에 보낼 수 있게 되었다.

학원에 자폐아가 다니자 일부 어머니들은 자녀에게 좋지 않은 영향을 끼친다며 학원을 옮기기도 하였다. 그러나 나는 학부모 간담회를 열어 설득을 했다.

"우리 중 누구라도 아픈 아이의 부모가 될 수 있습니다. 그런데 그것을 혼자서만 떠안는다면 얼마나 힘이 들겠습니까? 하지만 도움을 주려는 한 사람이 나서고 동네 전체가 관심을 가지면 부모도 힘을 덜고 아이도 좋아집니다. 그리고 다른 아이들도 아픈 아이와 어울리면서 남을 배려하고 돕는 품성을 지니게 되고요."

그때부터 나는 '공동육아'를 생각하기 시작했고, 1994년 친구의 소개로 '공동육아 협동조합 준비모임'에 참석하게 되었다. 부모와 선생, 지역사회가 함께 아이를 키워가는 공동체. 아이들이 자연 속에서 어울려 놀며 감성을 가꾸는 교육. 이것이 엄마들의 부담을 덜고 아이들의 푸른 꿈을 키우는 육아 모델이라고 생각했다. 그러나 나는 공동육아협동조합 발족식까지 함께하지는 못했다. 초기 경제적 비용을 감당할 수 있는 여력이 안 되었다.

결혼하고 나서 미술학원 원장으로 하루 종일 일하면서 두 아이를 낳고 키우고 집안살림 하고 시댁사람들과 적응해가는 결혼생활 초기 5년은 힘든 시간이었다. 우리 부부는 군사독재정권 타도를 외치며 사회민주화를 위한 학생운동을 했지만, 부부가 되어 아이양육과 가사분담, 시댁친정 관계, 경제적 부담 등 생활 속의 민주화는 갈 길이 멀다는 걸 느꼈다.

나는 어머니세대처럼 결혼생활 안에서 아내와 엄마, 며느리로 살아가는 것보다 내가 사회 속에서 해야 할 일들이 많다고 생각하고 있었다. 사랑하는 사람들의 관계에만 매달려서 혼자 시들어가고 있는 것은 아닌가? 나 자신이 살아왔던 삶보다 더 억울하고 힘든 사람들을 위해 나는 무엇을 해야 할 것인가, 민주주의는 제대로 가고 있는 것인가? 그런데 지금 나는 무엇을 하고 있는가? 나는 혼자가 아니다. 사람들과 함께 사회민주화 과제를 해결할 수 있는 사회적 활동을 해야겠다고 생각했다.

2004년 우리 큰애와 조카딸의 공덕초등학교 졸업식에서 가족들과 함께

지방자치는 민주주의 학교다

결혼할 때 우리 부부가 '경제적 책임'을 나누자고 약속했던 5년이 지났다. 여전히 집안 살림과 2살, 4살 아이들의 육아는 나의 몫이었지만 경제적 책임에서 자유로워진 나는 다시 공부를 시작하고 사람들을 만나기 시작했다.

1996년 나는 여성단체의 여러 가지 활동에 참여했고, 다시 연세대학교로 돌아갔다. 여성연구소 상근간사로 일하며 여성학 공부를 계속했다. 평생교육원에서 아동청소년 심리상담 과정도 이수하였다. 나와 같은 고민을 하는 여성들을 만나고, 어른들의 편견 속에서 상처를 입는 아이들을 상담하며 내가 하고 싶은 일들이 개인적 차원이 아닌 사회적 과제라는 걸 더 깊이 깨닫게 되었다.

사회적 과제를 해결하기 위한 방법 중 하나가 바로 지방자치였다. 지방자치는 '민주주의 학교'라는 말이 있다. 국민이 스스로 주인이 되어 할 일을 찾아나가는 제도가 바로 지방자치다.

1997년 행정대학원에 입학한 나는 본격적으로 지방자치를 공부하기 시작했다. 그러던 중 98년에 나에게 기회가 찾아왔다. 여성민우회와 여성단체연합이 추천하는 여성후보로 지방선거에 출마한 것이다. 분위기는 좋았다. 전대협 2기 의장을 지낸 오영식 등 젊은 세대가 대거 지방선거에 나섰을 때다. 여성단체들 역시 적극적으로 참여했다. '생활정치의 실현', '풀뿌리 민주주의' 구호가 들불처럼 번져나갔다.

나는 새정치국민회의 마포갑지구당 정책실장으로 아현3동에 출마했다. 당시에 나는 공덕동 현대아파트에 살고 있었는데 공덕동에 구의원이 여성의원이었다. 여성의원 자리를 하나 더 만들겠다는 각오로 내가 양보하고 옆동네로 출마했다. 오로지 주민들이 후보와 정책을 보고 합리적으로 판단할 것이라고 믿었다.

젊은 여성이 구의원에 출마해 갖가지 이벤트를 벌이자 단박에 주민들의 시선을 끌어모았다. 우리는 연세대학교 시절

총학생회 선거처럼 춤을 추고 노래를 부르며 분위기를 잡아 나갔다. 핸드마이크를 잡고 1분 스피치를 하면 동네주민들이 몰려들었고 아이들이 따라다녔다. 거리의 판세는 순식간에 우리 쪽으로 기우는 듯 싶었다.

그러나 우리가 다가갈 수 있었던 건 거기까지였다. 주민들이 거주하는 골목은 지역 연고와 이권에 집착하는 완고한 토착민들이 조용하게 움직이고 있었다.

결국 나는 한나라당 후보에게 근소한 표 차이로 패배하고 말았다. **사실상 당에서 젊은 여성후보인 나를 내천(내부공천)하자, 이에 반발한 남성후보가 2명이나 더 나와서 우리 표가 분산되었기에 더욱 아쉬움이 컸다.** 세 후보의 표를 합산하면 압도적으로 이길 수 있었지만 이미 엎질러진 물이었다.

선거 기간 동안 아현3동 달동네를 누비면서 나는 어린 시절 우리 가족의 모습이 그 안에 들어 있음을 느꼈다. 먼지투성이 반지하방에 7~8명이 모여앉아 가내 수공업을 하는 모습. 다닥다닥 붙은 벌집에서 쓸쓸하게 늙어가는 독거노인들의 얼굴. 원래 내가 있어야 할 자리가 여기가 아닌가 싶어 가슴이 먹먹해진 적이 한두 번이 아니었다.

그들에게 필요했던 것은 내가 이야기한 봉사가 아니라 당장 먹고 사는 문제였다. 잘못된 선거문화인지 뻔히 알면서도 봉투와 식사를 제공해 주는 쪽을 찍을 수밖에 없는 절실함을 나는 얼마나 이해하고 있었을까?

내가 핸드마이크로 목청을 높여 연설하고 있을 때 지나가던 어르신이 던졌던 질문이 떠오른다.

"이은희씨, 우리를 위해 봉사를 하겠다고 하는데 밥 한 그릇 안 사주면서 무슨 봉사를 한단 말이오."

결국 나는 밥 한 그릇, 봉투 한 장보다 더 가까이 다가가지 못했기 때문에 그들의 마음을 온전히 얻지 못했다. 어린 시절 달동네에서 고생하던 그 모습 그대로 이웃이 되지 못했기에 그들을 금권선거의 희생자로 만든 것이다. 이미 새로운 계층이 되어 들뜬 목소리로 봉사를 외쳐본들 그들에겐 자신들을 굽어보는 시혜 정도로밖에 여기지 않았을 것이다.

나 자신의 부족함을 반성하며, 심신을 추스르고 있을 무렵, 공덕초등학교 1학년인 지용이의 친구 엄마가 나를 찾아왔다. 얘기인즉, 지용이 담임선생이 학부모 모임이 있을 때마다 나를 거론한다는 말이었다. 사실 나는 아이를 초등학교에 입학시키자마자 선거운동을 시작했기 때문에 **입학식 이후 6개월 동안 한 번도 학교를 찾아간 적이 없었다. 지용이는 한 살 일찍 초등학교에 입학했지만 또래들보다 뭐든지 잘한다고 엄마들에게 칭찬이 자자하던 아이였다.**

"지용이 엄마는 만 5세 아이를 학교에 보내놓고 어떻게 얼굴 한 번 안 비출 수가 있죠?"

"학교야 아이가 다니는 것이고, 엄마는 일과 사회활동이 바쁜데, 엄마가 자주 학교에 오긴 힘들지요. 선생님이 필요하시다고 하면, 앞으로 자주 오겠습니다."

1주일 후 2학기 학부모회 구성 관계로 호출이 왔다. 나는 일찍 가서 자리를 잡고 엄마들과 이야기를 나누었다. 선생님들에 대해 이런저런 말들이 나왔다. 어떤 선생님은 스승의 날에 선물을 워낙 많이 받아서 차 트렁크가 안 닫혔다더라, 누구는 운동회 끝나고 선생님에게 목욕비로 얼마를 건넸다더라, 한 번 물꼬를 튼 이야기는 끝날 줄을 몰랐다.

가만히 듣고 있던 나는 엄마들이 학교에서 무슨 일들을 하는지 물어보았다. 저학년 아동의 급식과 청소를 돕는 당번 활동부터 등굣길 교통지도, 환경미화 도우미, 행사때마다 자원봉사, 1일 명예교사까지 셀 수가 없었다. 일하는 여성의 입장에선 하고 싶어도 하기 힘든 활동량이었다. 그렇다고 학교만 탓할 수도 없었다. 할 일은 많은데 예산은 태부족인 것이 교육 일선의 현실이기도 하였다.

그날 이후, 나는 공덕초등학교 학부모활동에 본격적으로 참여하기 시작하면서 어머니회 감사, 어머니회 회장, 학교운영위원회 학부모위원으로 2년 동안 활동하였다. 감사활동을 할 때는 제일 먼저 요구한 것이 회비출납 자료였다. 회비 사용 내역을 공개하고 회원들의 의사를 수렴하여 회비를 사용하도록 했다. 나는 무늬만 감사로 어머니회 임원들과 어울리기보다는 진짜 감사 노릇을 했다. 기존 어머니회 임원진이 사색이 되었다.

또 아이들의 급식업체를 점검해 중국산 나물을 공급하던 업체대신 국산 채소류를 사용하는 업체로 교체하였다. 아이들이 먹는 김치업체를 찾아가 생산과 김치 담그는 과정, 시설 등을 일일이 점검하였다. 몇 년을 기다려야 한다는 병설유치원의 대기자 명단을 공개 요청해서 유치원생 대기자 선발이 공정하고 투명하게 이루어지도록 했다. 초등학교 알뜰 바자회 등에서는 여성민우회 생활협동조합과 연계해 유기농산물을 구입하도록 했다. 학교 예산을 꼼꼼히 점검해서 교육환경

개선을 위한 곳에 제대로 사용하도록 점검했다. 졸업앨범의 가격을 낮추고 비리를 방지하기 위해 공개입찰을 하도록 제도를 개선했다.

이런 일들이 알고 보면 대단히 어려운 일들이 아니었다. 그런데 민주사회에서 상식적인 일들인데도 그 당시 학교에서는 안 되는 것이 많았다. 아이들 교육이야말로 학부모들에게 가장 절실한 문제다. 이런 절실함에 공감하고 해법을 나누지 못한다면 지방자치에 발 벗고 나설 자격이 없는 것이 아닐까?

그런 점에서는 주거공간인 아파트도 다르지 않았다. 생활 속에서 '주민자치'를 실현하지 않으면 이권을 놓고 검은 결탁이 이뤄진다. 주민의 관리비가 어두운 거래의 대상이 되는 것이다.

1999년말 우리 가족은 재개발이 완료된 공덕삼성1차아파트에 입주하였다. 새로 지은 아파트였기에 기분 좋게 집안을 꾸미고 있을 무렵, 아파트 공지란에 "입주자대표회의가 구성되었으니 도장을 찍어 달라"는 공고가 떴다. 입주자대표를 선출한 적이 없었는데 어찌 된 일인가 싶어 관리사무소로 찾아갔다.

그런데 관리사무소에서도 어떻게 구성됐는지는 알 수 없

고, 본인들은 협조만 해주고 있다는 것이었다. 알고 봤더니 동네 유지 몇 분이서 임의로 입주자대표회의를 구성하고 구청에 등록할 계획이었던 것이다.

이건 문제다 싶어 '표준주택관리규약'을 보면서 아파트의 자치조직을 만드는 방법을 알아보았다.

먼저 아파트의 관리규약에서 정한 주민의 직접투표로 임원과 동대표를 선출하면 되는 것이었다. 부랴부랴 통반장들을 모아 관리규약을 확정짓고 주민의 동의를 얻었다. 그런데 그 다음 문제는, 입주자대표를 하겠다고 나서는 사람이 없었다.

나는 학교 어머니회 활동으로 알게 된 엄마들을 통해 입주자대표 후보자를 물색하기 시작하였다. 결국 신망높은 어르신, 기자, 사업가, 주부, 그리고 나 이렇게 다섯 사람으로 구성해 주민직접투표를 마쳤다. 회장은 동네 어르신 중 신망이 높은 분이 맡고 나는 총무를 보기로 하였다. 우리 아파트에 제대로 된 절차에 따라 '합법적인' 입주자대표가 선출된 것이다.

입주자대표회의는 관리사무소, 보수공사, 도색, 수도, 케이블 등 아파트 시설과 관련한 모든 공사의 세부사항을 결정할 수 있다. 또 어린이집, 경로당, 주말장터도 대표회의의 주관으로 개설 여부가 정해진다. 따라서 입주자대표회의 구성부터 투명해야 외부업체의 검은 유혹으로부터 자유로울 수 있다. 주민의 뜻에 따라 아파트가 관리된다는 말이다.

실제로 공덕삼성아파트의 어린이집 입찰과정은 경쟁이 치열했다. 그중에 한 업체는 동네유지와 관계가 있는 곳이기도 했다. 그러나 주민들은 시설투자와 교육내용에 열정을 보인 다른 업체를 선정했다. 그 결과 우리 아파트의 어린이집은 엄마들의 신뢰와 사랑을 받는 아이들의 공간으로 자리매김 했다.

입주자대표회의는 그 외에도 어린이 재롱잔치, 영화상영 등 다양한 이벤트로 주민들의 문화적 욕구를 채워주었다. 또 아파트 내의 부녀회, 외부의 시민단체 등과 연계해 '엄마와 아이가 함께 하는 갯벌체험' 등 공동체문화의 다양성을 만들어 갔다. **회색빛 아파트 단지도 주민들의 참여와 노력에 따라 얼마든지 함께 어울릴 수 있는 공동체가 될 수 있다는 걸 입증한 것이다.**

공덕삼성아파트에서의 성공은 주민자치에 대한 자신감으

로 이어졌다. 이후 나는 다른 아파트단지들과 협의해 마포 아파트공동체연합을 만드는 노력을 기울였다. 또 마포구청 명예시민감사관으로 지역여성단체와 함께 구의회 방청, 의정지기단, 구의회 회의록 점검 등의 활동을 펼쳤다.

그때 당시 아쉬웠던 것은 동마다 설치된 주민자치센터였다. 주민자치위원으로 활동을 신청했지만 거절당했다. 알고 보니 주민자치센터가 보수적인 동네유지들의 사랑방이 되어 있었다. 내가 그동안 공덕초등학교에서, 아파트에서, 마포구의회 방청활동에서 해 온 활동들이 맘에 들지 않았었나 보다.

하지만 지금은 구성원들이 많이 바뀌었고, 행동하는 시민들의 활동참여로 주민자치활동이 활성화되고 지역 봉사활동도 많이 하고 있어서 세상이 조금씩 나아지고 있다는 걸 체감하고 있다.

4부

조직을 바꾸는 힘

경영혁신의 구원투수

중소기업유통센터는 중소벤처기업과 소상공인의 판로지원, 해외유통망 진출지원, 국내외홍보 등 종합서비스를 제공하는 기타공공기관이다. 우수한 제품을 생산하고도 판로와 홍보부족으로 어려움을 겪는 중소기업과 소상공인을 돕기 위해 1996년 설립되었다.

이후 1999년 행복한 백화점, 2005년 홈쇼핑 법인, 2006년 메가박스 영화관 오픈 등 사업영역을 계속 확장했으나 지난 몇 년 동안에 누적된 손실이 점점 커져 대내외적인 존립 위기에 처해 있었다. 재무건전성이 매우 취약하고 경영혁신 평가는 40개 기관 중 38위로 하위권에 머물러 있었다.

내가 상임감사로 취임할 즈음, 목동의 핵심 상권에 메가박스 영화관을 오픈(2006. 4월)하고 신규유통사업 T-커머스 시장에 막 진입한 상태였다. 그러나 전임 기관장의 전횡과 직원 감축에 반대하는 노조는 기관장을 고발했고 회사 분위기는 뒤숭숭한 상태였다.

'함께 살아갈 수 있다'는 희망을 전하다

노조는 내가 2006년 12월에 취임할 때도 "낙하산 상임감사 반대한다"면서 회사정문에 현수막을 걸어놓고 출근을 가로막고 서 있었다. 나는 대표이사와 면담 후, 곧바로 노조 사무실로 내려가서 노조를 설득했다.

"나는 여러분을 도와주기 위해 온 사람입니다. 밥값 하는 상임감

반대하는 노조원들 앞에서 우리는 함께 공존할 수 있다는 희망을 전했다

사가 될 테니 합심하여 회사부터 구합시다. 나는 직원감축에 반대합니다. 고통분담으로 서로 허리띠를 졸라매고 이 위기상황을 극복합시다."

직원들에게 '함께 살아갈 수 있다'는 희망을 전하는 것이 최우선이었다.

이미 벌어진 일은 되돌릴 수 없지만 지나치게 외형적인 사업 확장과 건물 신축으로 회사의 재무구조는 엉망인 상태였다. 우선 경영진의 독단적인 의사결정을 견제하기 위해 긴급하게 규정을 개정하여 상임감사의 독립성 확보, 감사실 우수인재 선발, 리스크 예방을 위한 통제체제를 정비하였다.

오랜 설득과 협의 끝에 재무구조를 개선하다

다음으로 기관의 가장 긴급한, 재무구조 개선을 위해 기관장과 기획조정실 직원들과 함께 대내외에 기관의 입장과 구제 방법을 홍보하기로 했다.

중소기업유통센터는 중소기업지원이라는 목표 아래 정부가 손실을 감수하기로 하고 설립한 기관이기에, 적자의 책임을 유통센터에게만 요구해서는 안 된다는 내용이었다.

기관의 재무구조 위기를 하나하나 살펴보면 1996년 회사 설립 시부터 2006년까지 10년 동안의 누적적자가 667억이었다. 여기에서 **영업적자는 267억이었지만 순영업적자는 60억이었고, 건물감가상각으로 인한 적자가 207억이었다.** 또한 667억중 비영업적자는 400억으로 백화점 건물 신축비 233억과 중소기업지원을 위한 정부시책 추진비 등이 대부분이었다.

민간기업은 하지 않거나, 또는 할 수 없는 중소기업지원을 위해 설립한 공공기관에게 순이익창출만 요구하는 것은 소상공인과 중소벤처 지원을 하지 말자는 뜻이고, 정부의 중소기업진흥정책과 정반대의 길로 가는 것이라고 강조하며 누적적자의 내용들을 자세히 홍보하였다.

오랜 설득과 찬반논쟁, 협의 과정을 거치면서 중소기업진흥공단은 드디어 과감한 결정을 내렸다. 기관의 영업환경을 개선하고 대외신용도를 제고하기 위해 순영업적자 60억을 포함한 누적 결손금 전액을 감자하기로 최종합의하였다. 또한 메가박스 영화관 증축으로 인한 차입금액 227억은 기관의 자산으로 전환하고 정부와 주주사 임직원의 출자전환으로 최종 결정하였다.

노사갈등으로 대립하던 기관의 임직원이 단합하여 이루어 낸 첫 번째 성과였다. 기관이 존폐논란에서 벗어나자 모두가 한마음으로 기뻐하였다. 직원들은 상임감사가 정말 회사를 구하러 온 사람이라고 입을 모았다.

경영진에 대한 견제와 경영효율성을 강화하다

재무건전성 확보를 위해 경영진과 함께 최선의 노력을 기울였지만 그다음 해야 할 중요한 일은 경영진에 대한 견제와 경영효율성을 강화하는 것이었다.

첫 번째로, **그동안 주요 리스크를 발생시켰던 홈쇼핑사업본부의 리스크 예방을 위해 영업방식을 전환하도록 권고했다.**

홈쇼핑사업은 무리한 법인영업으로 외형적 성장인 매출액에만 매달려 장기미수채권이 누적되고 다수의 민원이 발생하고 있었다. 너무나 방만하게 운영되고 있던 홈쇼핑사업본부에 대한 일상감사, 특별감사 등을 수시로 할 수 밖에 없었다. 이 과정에서 홈쇼핑사업본부는 상임감사가 회사에 충성하는 사람을 징계처분한다고 반발하고, 사업을 축소시키려 한다고 험담을 해댔다.

하지만 법인영업을 폐지하고 매출액이 줄더라도 상품기획부터 판매까지 통합관리하면서 장기미수채권을 회수하고 손익중심의 영업 내실화를 기하면서 손익은 증가하였다. 업무 내실화를 통해서 전문적 상품개발역량을 강화하고 업무프로세스와 매뉴얼을 확립함으로서 중소기업유통센터가 중소기업의 확실한 지원자이자 협력자라는 공익적 대외이미지도 개선되었다.

두 번째로, 경영본부의 주요업무를 점검하고 제도개선을 추진하는 등 컨설팅감사로서 경영혁신을 지원했다.

이를 위해 우선 업무전산화 현황을 총괄 점검하였다. SMIS (Sustainability Management Initiave Systems, 지속가능한 정보관리시스템) 활용도, ERP(Enterprise Resource Planning) 시스템 모니터링, 전자결재시스템 점검 결과 전반적으로 활용이 부족하다는 점을 발견하였다. 전 직원의 업무전산화 활용을 강력히 추진하여 기관의 IT역량 강화를 이끌어냈다.

감사실도 시간과 비용을 줄일수 있도록 e-감사시스템을 활용하도록 했다. 또한 채용, 교육훈련, 근무평정 인사고과, 시설안전 점검, 직원복지 환경개선 등의 예산과 내부 회계관리시스템 구축을 권고하여 예산을 우선 책정하도록 했다.

노조 간부들과는 정기적인 의사소통을 강화했다. 회사 현안 공유를 위한 분기별 경영설명회, 감사정보 공개, 본부별 이해관계 및 갈등조정, 노사간 호프데이, 임직원 체육대회, 백화점 현장직원 의견청취 등 부서/직원/노사 간 의사소통 활성화를 위해 노력했다.

소소한 근로환경들도 지속적으로 개선하면서 직원들에게 용기와 힘을 더해주고 격려하며 칭찬할 일들을 찾아내면서 직원들은 더욱 활달해져 갔고 스스로 업무를 개선해 나가기 시작했다.

세 번째로, **감사품질 개선과 공직자 윤리경영을 특별히 강화했다.**

먼저 IT기반 감사, 리스크 예방감사, 컨설팅 감사, 성과감사로 경영효율성과 경영혁신을 선도하겠다는 감사의 방향을 잡고 내부감사 전문교육을 진행했다. 나는 서울대 경영대학원에서 '최고감사인' 자격증을 취득하고 직원들(4명)은 외부 전문교육에 참가시켜 1인당 평균 120시간(감사교육목표 80시간 초과)의 감사교육으로 법률, 회계, 경영, 감사 등 각 분야별 최고의 실력을 갖추도록 했다.

감사 시에 감사실 직원들은 각별히 겸손하고 친절한 태도로 임할 것을 당부하였다. 감사실 직원은 윤리경영을 선도하는 공직자의 모범이 되어야 하며 선입견과 편견 없이 민원을 충분히 청취할 것을 늘 권고하였다.

임직원의 윤리경영 결의대회, 명절선물 안 주고 안 받기 운동을 지속적으로 전개하였다. **부정부패, 법인카드 부정사용, 성희롱 등 공직자로서 직장문화를 저해하는 행동에 대해서는 단호하게 무관용 원칙으로 징계하겠다고 공지하였다.** 공직자 윤리강령과 감사실의 연간 업무계획 등 주요현안에 대한 전 직원교육은 상임감사인 내가 직접 교육하고 질의응답을 받으며 직원들의 협조와 이해를 구했다.

취임할 때 반대하던 노조로부터 퇴임할 때는 감사패를 받다

중소기업유통센터의 상임감사(2006.12.13.~ 2008.8.31.)로 취임해서 퇴직할 때까지 참 열심히도 일했다. 이명박 정부가 들어서자 공공연하게 모든 공공기관의 기관장과 상임감사에 대한 퇴직 압박을 시작했다. 처음에는 정권이 바뀌고 정책기조가 맞지 않으므로 당장 사퇴하고 싶은 마음과, 정해진 임기까지 공공기관 임원으로서 맡은 사명과 책임을 다해야 한다는 마음 사이에서 갈등했다.

노조와 직원들은 끝까지 우리와 함께 기관을 지켜달라고 부탁했지만 경영진은 달랐다. 상급기관의 압박이 갈수록 거세지고 상임감사가 퇴직하지 않으면 퇴직할 때까지 기관 감사를 계속할 거라면서 은근히 퇴직을 사정하고 있는 눈빛이었다.

시간이 지날수록 이명박 정부의 '작은 정부 큰 시장'이라는 신자유주의 확대와 민영화 가속화, 광우병 집회에 대한 정부의 대응, 부자감세 대기업위주 정책들을 보면서, **임기가 끝날 때까지 자리를 지키며 이명박 정부의 잘못된 정책을 추진하는 한 사람이 되고 싶지 않았다.** 우리 기관의 안정적인 운영과 정들었던 직원들의 기대감을 생각하면 함께 이뤄내고 싶은 일이 많이 남아 있었다. 하지만 한편으로는 직원들이 나의 퇴직압박 때문에 마음고생하지 않도록 미련 없이 퇴직을 결정했다.

내가 처음 중소기업유통센터로 출근할 때 내 앞을 막아섰던 노동조합이 퇴직하는 상임감사에게 '회사발전과 노사화합에 기여한 공로와 업적에 감사한다'는 감사패를 받았을 때가 가장 기뻤던 순간으로 기억한다. 중소기업유통센터에서 이은희 상임감사가 **노동조합의 감사패를 받은 최초의 유일한 상임감**

사였다는 것이 늘 뿌듯하다.

 세월이 지났지만 틈틈이 강 건너 목동의 행복한 백화점을 찾아가 조용히 물건을 구입하기도 한다. 백화점 건물에 스타벅스도 들어오고 매장들도 더 깔끔해지고 판매물건들도 더 다양해지면서 백화점도 많이 안정화된 것으로 보인다.
 중소기업 유통센터가 더 많은 소상공인, 중소벤처기업들과 상생하며 동반성장해 나가기를 늘 기원하고 있다.

중소기업유통센터 노동조합
최초이자 유일하게 감사패를 받은
상임감사 이은희

비상의 날개를 펴라

내가 3년 동안 경영관리본부장으로 근무했던 환경보전협회는 1978년에 환경정책기본법 제 59조에 의거해 출범한 환경부 산하기관 중 가장 오래된 기관이다.

처음에 환경보전협회는 환경기술인에 대한 정기적인 보수교육을 관리하는 기관으로 시작했다. 2000년대 이후 한강 생태학습장을 운영하고 4대강 수계 매수토지사업과 수변생태복원사업을 하면서 환경보전과 국민생활 향상에 기여하는 목적사업을 수행해 왔다.

또한 환경부의 국가 환경교육센터를 위탁받아 국민의 생활환경과 보건, 아동 환경교육을 운영, 관리하는 등 환경부의 공공사업을 수행하는 조직이다.

이러한 정부위탁사업의 확장으로 인하여 **내가 취임하기 직전 연도인 2017년 2월 환경부산하 기타공공기관으로 지정되었다.**

완강한 저항이 계속 되었다

2018년 3월 공모과정을 통해 최종합격한 후, 환경보전협회의 경영관리본부장으로 취임하게 되었다. 취임 후에서야 상세하게 알게 된 공공기관으로서 협회의 조직구조, 재무상태, 직원 현황 등은 매우 어려운 상황이었다. 협회가 공공기관으로 지정되기 전에 공공기관의 성격에 맞게 기존 사단법인격의 최종의사결정기구를 재편하고 **본회-지역협회이라는 이원적 구조를 해소하기로 약속했지만 이사회의 주요구성원인 지역협회장들(9개)의 격렬한 반대로 진행되지 않고 있었다.** 기관의 공공업무에 대해 비상근회장과 상근부회장의 이원적 구조, 조직구성원의 조직문화도 과거 '이익단체' 수준에 머물러 있었다.

환경보전협회는 기관의 공공성을 강화하고 조직역량을 결집하기 위한 조직구조 개편이 시급한 상황이었다. 공공기관 지정 이후 기관의 정체성과 최고의사결정권의 혼선으로 인해 기존사업을 고도화하고 사업영역 확장을 위한 적극적 활동이 정체되어 있었으며 국가환경교육센터의 중단으로 직원들이 불안해하고 있는 상황이었다. 환경부나 환경단체 등 외부에서도 기관의 발전을 위해서는 조직구조의 혁신과 변화를 강하게 요구하고 있었다.

나는 마치 환경보전협회의 전면적인 조직 쇄신을 앞에 두고 볏짚을 지고 불 속으로 뛰어든 기분이 들었다. 조직 내부에는 위아래 앞뒤 사방에 조직구조의 개편을 반대하는 사람들로 꽉 차 있었다. 그나마 다행인 것은 조직구조가 개편되어야 공공기관의 정체성과 발전을 도모할 수 있다고 생각하는 소수의 직원들이 있었다는 것이다.

2018년 3월 공모를 통해 환경보전협회 경영관리본부장으로 취임

제일 먼저 시작한 일은 조직의 발전방안을 위한 내부TF를 구성해서 지배구조 개편 방안을 작성하는 것이었다. 6개월여의 작업으로 〈환경보전협회의 조직진단 및 경영성과 강화방안 연구 보고서〉를 작성했다.

문재인 정부의 정책기조와 공공기관 지정을 둘러싼 외부환경분석(PEST; Politics, Economics, Social, Technological)과 내부역량분석(7S)을 통해 SWAT요소를 도출하고 협회 발전의 전략적 방향성을 잡아나갔다. 전략방향에 적합한 조직구조의 이상형과 불가피한 경우 과도기의 단계적 이행방안을 제안했고, 집중해야 할 전략적 주요사업의 로드맵을 총정리한 보고서였다. 보고서에서는 체계적인 조직기반을 만들어 지속가능한 기관의 발전을 도모하기 위한 경영의 방향을 제시했다. 방향과 대안 없이 몇 번의 회의나 말로만 설득할 상황이 아니었기 때문이다.

보고서를 통해서 환경부의 조직구조 개편요구를 설득하고 '시간적 여유를 달라'고 했다. 40여 년의 관행을 하루아침에 바꾸기는 어려우니 3년 동안 설득과정을 거쳐 스스로 개선해 나갈 수 있는 시간이 필요하다고 했다.

한편으로는 이 보고서를 가지고 지역협회를 방문하면서 의사결정구조 개편의 필요성과 공공기관으로서 업무의 공공성, 전문성을 강화해야만 협회의 지속가능한 발전을 제고할 수 있다고 설득하기 시작했다.

기타공공기관의 경우, 정부출연금을 받을 수 없기 때문에 **정부위탁사업으로 운영되고 있는 환경보전협회의 공익성을 강화하려면 본회중심의 통합조직체제로 가야 하고 재단법인으로 변경해야 한다.** 기존 이사회에 당연직이사로 참여하는 지역협회장의 권한을 축소하고 이사회에 외부인사를 과반수 이상 참여하도록 해야 한다, 유명무실한 기존 회원사를 해체하고 협회의 명칭역시 공공기관답게 '한국환경진흥원(가칭)'으로 바꾸어야 한다고 설득했다. 하지만 지역협회장들은 예상했던대로 본인들의 권한 축소를 인정하지 못하겠다는 이유로 대다수가 반대했다.

결국 환경보전협회는 정기감사에 연이어 특정감사를 받게 되었고, 공공기관 지정 이후에도 부실했던 문제들에 지적사항과 개선요구, 징계조치가 있었다. 지역협회들은 환경부의 감사결과와 조직개선 권고사항에도 완강하게 저항했다. 오히려 민간이익단체였던 시절이 더 자유롭고 좋았다면서 공공기관 지정을 해지하자는 주장을 하기도 했다.

경영혁신을 효과적으로 추진하는 네 가지 핵심 단계

나는 이해관계가 얽혀 있는 조직개편 문제를 한순간에 해결하기 어렵다고 느꼈고 과도기를 거쳐 단계별로 진행하기로 했다. 공공기관의 정체성을 확립하고 조직의 발전을 위해 나아갈 방향은 분명하게 정해져 있었다. 하지만 여전히 이원적인 리더십(비상근회장과 상근부회장의 의사결정권)과 최고 의사결정기구(이사회)의 다수를 차지하고 있는 지역협회장의 동의가 없는 상태였다.

나는 설득과 조정의 시간이 더 걸리더라도 우리 직원들을 위해서 단계별로 개편을 진행하기로 마음먹었다. 조직개편을 늦추는 대신 우선, 조직의 공공성강화를 위해 **이사회에 외부인사 참여비중을 늘렸다. 이를 통해 지역협회장의 이사회 권한이 축소되어 갔다. 그다음은 독립채산제로 운영되던 지역협회의 재무회계를 통합하여 재정통합을 이루었다.** 임기초 일년 동안 내가 주장하고 설득했던 조직과제에 대해서 동의하고 응원하는 직원들이 점점 많아지고 있는 것이 나에게 큰힘이 되었다.

첫 번째로 내가 집중한 것은 **조직의 전산회계 시스템을 완비해 본회와 지역협회 간 통합재정을 실현하는 것**이었다.

전사적 경영정보시스템(ERP)과 예산회계 프로그램(G20)을 도입하여 효율적인 재정관리 전산시스템을 완료하였다. 이로써 예산회계 보수와 급여 등 재정관리 업무의 효율성을 높이고 예산집행의 투명성과 재무 건전성을 확보하게 되었다.

두 번째로, **기존에 규정에도 없었던 본회와 지역협회 간 독립채산제는 반드시 변경하여 본회와 지역협회의 재정통합을 해야 한다고 주장했다.** 이것만큼은 절대 양보할 수 없다고 설득했다.

그동안 같은 기관 내에서 서로 다른 기준을 적용하여 본회와 지역협회별로 각각 예산이 집행되고 있었으며 재무제표(재정상태표와 손익계산서) 역시 부실할 수밖에 없는 상황이었다. 또한 지난 3년 간의 재무제표의 연도별 재산증감과 손익계산서를 전부 재검토해보니, 기관 전체의 예산집행과 회계관리의 분산 운영으로 재무건전성은 떨어지고 인력의 낭비뿐 아니라 내부 조직 간에도 부익부 빈익빈 현상이 벌어지고 있었다.

외부회계법인에 감사를 맡겼다. 재무제표조차 검토할 수 없었던 기존 임원들의 책임이 너무나 컸다. 부실한 상황들이 모두 밝혀졌고 규정에도 없고 명분도 없었던 문제점이 드러나게 되니 결국 독립채산제를 포기하고 기관의 통합적 재정관리를 시작하게 되었다.

이러한 노력의 결과로 만성적으로 적자가 누적되고 있던 재무상태는 호전되어 흑자 전환했다. 20% 정도였던 퇴직충당금 또한 80%로 상향시켜 직원들이 안심하고 일할 수 있는 기본적 조건을 만들어 놓았다. 이 과정에서 퇴직금 중간정산 잔액이 미회수된 것을 발견했고 직원들의 협조와 노력으로 잔액을 회수하여 기관의 사업기금을 확보할 수 있었다.

세 번째는 **공공기관으로서 방만경영으로 지적될 만한 규정과 제도의 개선을 통해 기관의 공공성을 향상시키는 것이었다.**
좋은 인재를 선발하는 채용에 있어서 직원의 급여수준과 근로조건은 매우 중요한 요소기 때문에 하위직급 직원의 급여수준 향상을 위해 상위직의 고통분담을 요구했다. 상급직원의 임금인상을 최소화하고 하위직원의 임금인상폭을 최대화하는 과정에서 상급직원을 설득하는 것은 어려운 과정이었지만 반드시 해내야 할 과정이기도 했다.

근로조건 향상을 위해서 무엇보다 직장 내 갑질과 괴롭힘/성희롱·성폭력 사건에 대해서는 무관용의 원칙으로 엄중처벌하겠다고 공지했다. 직원들의 시간외근무 제한, 임신출산 직원에 대한 차별적인 평가나 승진 배제를 하지 않도록 상급자들을 교육시켰다. 임금피크제 규정화, 직무급 제도의 순차적 도입, 인사평가의 기준 강화, 평가결과에 대한 이의신청제 도입, 근무평정과 성과평가의 구분, 직무교육훈련의 체계를 세우고 교육비 확대 등 돌이켜보면 하나에서 열까지 규정과 제도개선을 위해 쉬지 않고 일했다.

네 번째는 **공공기관 공직자로서 행동강령을 준수하고 청렴한 기관을 만드는 것**이었다.

환경보전협회는 민간단체로 오랫동안 운영되어왔기 때문에 공공기관의 공직자 마인드가 상당히 부족한 상황이었다. 재무회계의 시스템을 구축한 후에 방만하게 사용하는 법인카드 사용용도를 제한했더니 사업부서에서는 김영란법이 너무 불편하다면서 공공기관 해지를 주장하기도 하고 경영관리본부장이 너무 사업방식을 모른다고 불편한 심기를 드러내기도 했다.

　나는 상급자일수록 공공기관 공직자로서 청렴한 자세와 기관의 규정에 충실하게 행동할 것을 요구했다. 나는 경영관리본부장으로서 경영일반, 정책홍보, 환경교육사업 등 3개 분야를 주관하고 있었지만, 소수의 인력과 전문성이 부족한 감사실 업무를 지원하기 위해 **내가 직접 청렴연수원에서 교육을 받고 '청렴 교육 전문강사' 자격증을 취득했다. "경영관리본부장인 나부터 앞장서서 청렴을 실천하는 공직자로 살아갈 테니 당신들도 따라오시오" 하는 마음이었다.**

　신입사원 청렴교육부터, 중간관리자 등 직급별로 맞춤형 청

2019년 청주 청렴연수원에서 청렴교육전문강사 교육중에

렴교육을 진행했다. 공직자 행동강령부터 부패방지법, 청탁금지법까지 직원들을 교육시키고 상담문의를 받았다. 직원들이 예전부터 손쉽게 습관적으로 해오던 것들 중에는, 청탁금지법에서 금지하는 행동인 줄 몰라서 하는 행위들도 많았다. 감사실 직원들이 직원의 청렴교육을 위해 내부강사로 활동할 수 있는 청렴 전문강사 자격증을 취득하라고 강조했지만 내가 재직할 때까지는 청렴 전문강사는 나 하나뿐이었다.

어쨌든 기관은 몇 번의 사고와 환경부 감사 지적, 언론보도까지 나가면서 내가 줄곧 강조한 공직자의 청렴한 자세에 주의를 기울이기 시작했다.

D등급이었던 경영실적평가 B등급으로 상향

종합적으로 공공기관의 경영평가에서 제대로 된 평가를 받아야 했다. 어느 공공기관이나 경영관리본부장의 최고 실적은 해마다 실시하는 공공기관 경영실적 평가등급을 높이는 것이다. 기관의 대외적 이미지, 상급부처의 압박, 사업권까지 회수될 수 있고 기관장 경고와 해고까지 가능한 경영평가이기에 대다수 공공기관이 사활을 걸고 있는 것이었다.

사실상, 지난 3년 동안 환경보전협회의 조직개편과 규정, 제도의 개선, 재무회계 시스템의 안착, 인사제도의 개편, 성과평가와 근무평정 등 모든 일들은 기관의 경영실적을 하나씩 축적해가는 과정이었기 때문에 나는 따로 경영실적 평가에 연연하지는 않았다. **평가보다 더 중요한 것이 직원들이 안심하고 일하기 편한 직장을 만드는 것이기 때문이었다.**

다만, 어려운 환경임에도 불구하고 맡은 바 자리에서 열심히 일하고 있는 직원들이 제대로 된 평가를 받고 인정받을 수 있는 것이 공공기관 경영평가이고 그에 따른 부가서비스로 성과급을 받을 수 있다면 그 또한 제대로 받아보자는 계획이었다.

어쩌면 당연한 일일지도 모르지만 환경보전협회는 공공기관으로 지정되었던 2017년 첫해에 D등급을 받았다. 내가 취임했던 첫해 2018년의 평가는 C등급을 받았다. 나는 직원들을 격려하며, "천천히 가도 좋으니 공공기관의 조직기반을 제대로 만들어 가는 것이 중요하다. 조급해하지 말고 차근차근 업무들을 개선해 나가자"고 했다.

2019년 경영평가에서 드디어 B등급을 받았다. 직원들은 이제 잘해 나갈 수 있다는 자신감을 가지게 되었고 **반대자들이**

많은 상황임에도 꿋꿋하게 시스템을 만들고 개선하고 조직재편의 주장을 굽히지 않는 경영관리본부장을 응원해 주고 있었다. 게다가 신규사업들을 하나씩 늘려가면서 기관의 재무구조도 튼튼해지고 있었으며 하위직급 직원들의 임금인상 폭도 해마다 상승하고 있었다. 나의 임기 마지막 3년차인 2020년에도 연속해서 경영평가에서 B등급을 받았다.

만약 조직개편만 완료되었다면 충분히 A등급을 받을 만큼 탄탄한 업적과 성과를 쌓았다. 끝까지 조직개편을 미루고 반대하는 사람들과 실랑이하면서도 직원들과 함께 성실하게 쌓아간 경영혁신의 결과였다.

지난 3년간 소리 없이 일하며 응원해주는 직원들이 있었기에, 그 힘으로 헤쳐나갔던 여러 가지 일들이 주마등처럼 떠올라 고맙고 행복했다. 이제 환경보전협회도 공공기관으로서의 기반을 마련하고 비상할 수 있는 계기점을 만들었다는 생각에 뿌듯했다.

마침내 조직 개편 완료

공공기관으로서 반듯하게 서기 위해서는 반드시 필요했던

조직개편 작업의 완결을 보지 못하고 임기를 마치게 되어 못내 아쉬움이 컸다. 하지만 수년 간의 노력과 성과들이 쌓여 조직운영의 구상과 방향, 명칭 등 조직설계도는 완성되어 있었다.

마지막으로, 국회에서 법안심사와 환경정책기본법 법률개정의 지리한 시간들이 남아 있는 상태였지만 남아 있는 직원들과 새로운 임원진이 잘 마무리해줄 것으로 믿고 퇴임했다.

내가 예상했던 것보다 시간이 더 걸리긴 했지만 마침내 2022년 6월 환경보전협회는 〈한국환경보전원〉으로 조직개편을 완결했다, 경영관리본부장의 수고를 잊지 않겠다는 직원들의 전화를 받았다. 환경보전협회가 국민눈높이에 맞는 책임 있는 공공기관으로 새출발하게 된 것으로 흡족했다.

환경보전협회에서 근무하는 동안 나를 믿고 응원하면서 힘들었던 시간들을 이겨내고 궂은일도 마다하지 않으며 함께해 주었던 많은 직원들이 있었다. 기관이 조금이라도 더 잘되었으면 하는 마음으로 기관의 발전을 위해 희로애락을 함께했던 직원들의 얼굴이 지금도 눈에 선하다. 여전히 이른 아침부터 밤늦게까지 일하고 있을 협회의 성실한 직원들, 그들이

2018년 환경보전협회(한국환경보전원) 직원들과 함께

있었기에 내가 근무했던 3년의 시간은 여전히 아름다운 추억으로 남아 있다.

한국환경보전원의 무궁한 발전을 기원한다.

5부

변화와 혁신, 최고의 성과

국립생태원의 건립 과정

2021년 3월, 환경보전협회 경영관리본부장 임기를 마치고 나서 나는 점점 더 심각해지는 기후위기 대응과 시민 환경교육을 위해 시민단체에서 일할 계획을 세우고 관계자들을 만나 조직구성을 준비하고 있었다.

그러던 5월쯤인가 나의 지인이 국립생태원에 상임이사(경영관리본부장) 임원공모가 나왔는데 당신에게 의미있는 곳이니 도전해 보면 좋겠다는 이야기를 했다.

개발이냐? 보전이냐?

오래 전이지만 선명하게 기억하고 있는 서천군 국립생태원 건립 이야기! 국립생태원은 2006년 노무현 대통령 재임시에 개발과 보전을 둘러싸고 서천군민과 환경기관과의 치열한 갈

등 속에서 탄생한 국가자연생태 연구기관이었다.

'세계 최고의 생태도시! 어메니티 서천'은 2002년 나소열 서천군수가 푸른 서천과 젊은 서천의 이미지를 내세운 서천 군의 비전이자 슬로건이었다. 서해안과 자연풍광이 아름다운 서천에 좀 더 많은 젊은이들이 함께해 주길 바라는 희망찬 비 전이었을 것이다.

그러나, 2006년 장항매립지를 둘러싸고 서천군과 환경단체 의 갈등과 대립이 일어났을 때, '어메니티 서천'은 **군산 새만금 처럼 장항갯벌을 매립하고 산업단지 유치를 적극 주장했으며 장 항갯벌을 복원하여 자연생태 환경을 보전하자는 환경기관 및 환 경단체와 정면으로 대립하고 있었다.**

서천군수 나소열과 주민들은 장항갯벌 374만평은 '죽은 갯 벌'이니 매립해서 산업단지를 조성하고 지역경제를 활성화해 야 한다고 주장했다. 환경부와 대통령직속 지속가능발전위원 회(지속위) 및 환경단체들은 갯벌은 아직 살아 있으며 더 이 상 새만금 매립과 같은 치명적 오류를 범해서는 안 된다는 입 장이었다.

노무현 대통령과 국립생태원

찬반논란이 계속되던 상황에서 2006년 10월 노무현 대통령은 장항갯벌 현장을 직접 방문 시찰했고, "배고픈 지역주민의 간절한 요구를 환경 때문에 계속 외면할 수는 없다"면서 환경보전을 해야 한다면 환경부가 먼저 지역주민을 위한 대안사업을 마련하라고 지시했다.

환경부와 지속위는 "군산의 새만금 산업단지와 비슷한 산업단지간의 경쟁보다는 **갯벌을 살려내고 친환경 생태산업 유치, 해수부의 국립해양생물자원관, 환경부의 국립생태원 등 자연생태 연구기관을 설립하여 생태관광객을 유치하고 지역발전을 도모하는 방향으로 가자**"는 대안사업을 제시하고 지역주민들을 설득, 합의를 이루었다.

그리고, 노무현 대통령은 다음 정권의 변화에도 사업이 중단되지 않도록 정부기관 간 투자양해각서를 작성하고 갯벌정화를 위한 예산 2000억을 편성하였다.

이후 한국환경공단이 토양오염 정화사업을 진행하여 서천의 장항갯벌은 복원되었고 오염되었던 토양은 장항송림산림욕장으로 변모하여 대표적인 자연생태 복원지역이 되었다.

2008년 2월에는, '검은머리물떼새'로 유명한 유부도 인근 갯벌과 평소 갯벌체험이 이루어지고 있는 선도리, 장포리 갯벌 등 서천군 일대 갯벌이 습지보호지역으로 지정되었다.

환경보다 개발을 우선했던 이명박 정부가 들어서면서 노무현 정부에서 예상했던 국립생태원 건립은 지연되고 건립예산과 인원도 축소되는 등 우여곡절을 겪었지만 2014년 말쯤에 국립생태원이 설립되었다.

2021년 7월에, 유네스코가 '지구상의 생물다양성 보전을 위한 중요한 서식지'로 인정하여 세계자연유산으로 지정한 '한국의 5대 갯벌'의 출발점이 서천군 장항갯벌이었다.

운명처럼 다가온 국립생태원

나는 마치 나에게 다가온 운명처럼 국립생태원에 이끌렸다. **노무현 대통령이 지켜낸 장항갯벌을 보고 싶었다. 국립생태원에서 일하고 싶었다. 노무현 대통령의 심사숙고가 없었다면 국립생태원이 설립되지 못했을 것이다.**

국립생태원은 장항산업단지 대신에 자연생태환경을 연구 보전 교육하기 위한 대안사업으로 선택한 공공기관이었다. 자연과 인간의 공존은 기후위기 대응과 극복을 위한 근본적이고 소중한 가치기준이었다.

2021년 9월, 나는 3개월여의 상임이사 공모과정을 거쳐 국립생태원의 상임이사인 '경영관리본부장'으로 임명되었다. 나는 공정과 청렴을 기준으로 공공기관의 경영실적을 책임지는 임원으로 국립생태원에 발령받았지만 자연과 생태분야에 대해 더욱 깊이 공부할 수 있을 거라는 기대감에 부풀어 있었다.

국립생태원 공모에 응할 때, 서천군의 생태환경과 인구수, 지역현황에 대해서 이모저모 살펴보면서 국립생태원이 지역경제 활성화를 위해 해야 할 일들이 무엇일까 고민했었다. 인구소멸위기에 처한 5만 명의 서천군은 노령인구가 많고 대부분 농어업에 종사하고 있는데 군산산업단지와 가까워서 장항생태산업단지에 입주하는 기업도 많지 않은 상태였다.

서천군의 발전방향은 생태문화도시다

나는 서천군의 발전방향은 산업개발이 아닌 생태문화 도시로 가야 한다고 생각했다.

첫째 세계자연문화유산으로 지정된 장항갯벌의 유용성과 '생태보물섬'인 유부도, 한산모시, 소곡주, 문헌서원, 송림산림욕장, 동백꽃 등 지역의 자연생태, 문화와 역사, 특산물 등을 홍보하고 지역 전체를 생태역사 현장으로 만들어 나가기 위해서는 군청의 생태행정과 긴밀히 협의하고 싶었다.

둘째, 예전에 장항제련소 인력을 양성했던 장항공고를 생태 자

연환경 특성화고등학교로 전환하는 것을 필두로 폴리텍대학에 생태분야 기술인양성 과정을 마련하는 등 생태인재를 양성해서 지역인재의 유출을 막고 키워나갈 중장기 계획안을 협의하고 싶었다.

셋째, 국립생태원이 운영하는 전시관, 방문자교육관으로 찾아오는 사람들과 더불어 찾아가는 전시, 교육 운영으로 전국의 생태공원과 생태연구기관의 인재를 양성하고 전파하는 플랫폼, 서천군으로 만들고 싶었다.

서천 국립생태원에 대한 낭만

금강하굿둑을 끼고 전북 군산과 마주보고 있는 충남 서천군의 국립생태원. 서울 마포에서 국립생태원까지 가려면 영등포역에서 장항선을 타야 한다. 영등포역까지 40분, 영등포역에서 새마을이나 무궁화기차를 타면 장항역까지 약 3시간, 관사까지 도합 4시간이 걸리는 거리다.

처음에는 서울에서 서천까지 새마을기차로 3시간이나 걸리는 장항선이 지루하게 느껴졌지만 시간이 지날수록 KTX보다 편안한 좌석, 풍경을 감상할 수 있는 적당한 기차 속도, 여행객이 많지 않아 여유로운 기차 안에서 책도 읽고 생각도 하고 쪽잠 자는 시간들도 즐기게 되었다.

서해안에 비치는 서천 하늘의 저녁노을은 특별히 아름다웠다. 한적하고 소박한 들판과 나지막한 산야를 끼고 있는 시골 생활은 날마다 신선했다. 장항제련소가 사라지고 오염된 갯벌을 10여 년 간 정화하면서 조성된 장항송림소나무숲과 깨끗한 서해바다. 푸른 하늘로 날아오르는 수천 수만 마리 가창오리떼의 군무, 갈대의 향연이 찬란한 신성리 갈대밭, 금강하굿둑을 따라 느긋하게 걸어다닐 수도 있는 아침 출근길은 마치 날마다 여행길을 떠나는 사람처럼 나를 설레게 했다.

서천군 주민들의 민원

하지만, 국립생태원에 근무를 시작하면서 제일 먼저 만나게 된 것은 서천지역 주민들의 민원이었다. "국립생태원이 지역민을 위해 무엇을 했느냐?", "생태원 직원들이 서천에 안 살고 군산에 산다", "지역일자리를 만들지 않았다", "철조망을 허물어서 지역주민이 사용할 수 있도록 해달라" 등등 국립생태원에 대한 서천주민의 민원은 수시로 계속되었다.

직원들은 2014년 국립생태원의 설립 이후 현재까지 이어지고 있는 갈등과 민원들이라고 했다.

서천군민들은 지역발전에 대해 국립생태원에 기대하는 바가 매우 컸다. 마치 일제 강점기 때부터 60년 동안 장항제련소가 일자리와 지역발전에 끼친 산업경제적 역할을 국립생태원이 해야 한다고 기대하고 있었다. **지역주민이 국립생태원에 기대하는 것과 국립생태원이 생태관람객 유치를 통해 지역경제에 기여할 수 있는 정도에는 큰 격차가 존재하고 있었다.**

국립생태원은 공공기관으로서 예산과 인력이 한정되어 자연생태환경 조사, 연구, 교육이라는 목적사업을 수행하는 것이 주업무이다. 이와 더불어 에코리움(세계 5대 기후관) 전시관에 관람객 유치, 특산물 판매, 지역상품 구매 등으로 지역경제 활성화에 기여하고 있었다.

서천군 행정은 '세계적인 생태도시'라는 구호는 내걸었지만 지역주민의 생태역량 강화, 생태적 사고전환을 위한 노력보다는, 주로 산업적 시설의 유치, 도로 확장 등 산업경제 마인드에서 벗어나지 못하고 있었다.

사실 **생태관광이란 자연경관을 구경만 하는 것이 아니라 지역주민의 생태적 사고와 삶의 생활방식, 생태행정 등이 어우러져야**

하는데 서천군 행정은 그런 부분에 관심이 없었다. 국립생태원을 찾는 관람객이 서천군의 생태 환경과 생태자원 보전, 먹거리, 숙박의 친절에 감동하여 생태경제의 순환적 발전이 이루어지기 위해서는 서천군 행정과 국립생태원이 생태보전에 대한 마인드를 공유하고 협력적 행정이 필요한 일이었다.

코로나 팬데믹으로 인한 국립생태원의 위기

충남 서천군 국립생태원은 수도권에서 승용차로 달려도 3시간 정도가 걸리고 기차로 이동하면 4시간 이상이 걸리는 거리상의 한계도 있다. 그래서 건립시에 환경부는 최대 30만 명 관람객 목표달성을 요구했었다.

그럼에도 불구하고 국립생태원 개관 초기 3년 정도는 국립생태원 **'개관초 특수효과'와 초대 원장이었던 최재천 교수의 전국적 명성의 효과로 연간 100만 명에 달하는 관람객이 전국에서 찾아 왔었고 이후 80만, 70만으로 점차 줄어들고 있었다.**

그러다가 2020년, 2021년 코로나 팬데믹에 직격탄을 맞으면서 연간 20만 명 정도로 관람객이 급감했다. 국립생태원 관람객이 줄어들자 지역경제에도 직격탄이 떨어졌고, 지역주민의 원성은 다시 국립생태원으로 쏟아졌다.

코로나 팬데믹이 완화되기 시작한 2022년 총 방문객은 50만 명 정도로 회복했으나 초기와 같은 수준으로 회복하려면 국립생태원과 서천군 행정이 생태전환적 노력을 함께 기울여 나가야만 할 일이었다.

변화와 혁신을 향하여

변화의 첫 단추

국립생태원은 '종합생태연구기관'으로 국내 생태연구를 선도하고 생태가치를 확산하는 데 기여하고 있다. 국립생태원은 연구기관이라는 성격이 강하기 때문에 경영의 전문성이 상대적으로 부족해서 기관장의 연구관심도에 따라 기관의 경영이 수시로 흔들려 왔다. **사실상 조직전체의 발전을 조망해야 하는 임원진은 자기 전문분야의 스페셜한 감각보다 조직일반을 관리하는 포괄적인 경영마인드가 필요하다.**

나는 지역경제 발전이라는 지역주민들의 요구를 이루어주기 위해서는 먼저 국립생태원부터 바꿔야 한다고 생각했다. 그래서 내가 가장 먼저 중점을 둔 것은 국립생태원 전체의 관점에서 통합적 시너지를 낼 수 있는 조직을 만드는 것이었다.

그런데 기존에는 본부, 실, 부서 단위별로 자기 분야에만 집착하는 칸막이 현상이 많이 보였다. 또한 연구직과 관리직 간, 일반정규직과 공무직 간, 본원과 센터 간에도 소외와 갈등현상이 보였다.

국립생태원 직원들은 마치 '서천이라는 고립된 섬'에 갇혀 있는 것처럼 느껴졌다. 자연과의 공존공생을 필생의 업으로 외딴 서천 지역에서 고군분투하는 직원들이었다. 국내 유일한 생태연구기관이라는 특성도 있지만, 공공기관 내에 교류, 비교 경쟁하면서 혁신할 생태연구기관이 거의 없기 때문인 듯했다.

조직문화와 인사체계 개선

나는 우선 국립생태원의 조직문화와 인사체계를 개선하는 데에 집중했다. 생태학의 각 분야별 석박사급인 연구직 직원들이 자기 분야뿐 아니라 좀 더 융합적인 생태지식을 습득하고 응용할 수 있도록 연구부서 간 합동세미나, 포럼 등을 활성화하도록 노력했다.

경영관리직의 경우에는 직급에 관계없이 관리분야 별로 전문성을 쌓은 직원을 발탁하고 부서의 책임을 맡겼다.

인사이동에 있어서도 조직, 성과, 기획, 인사, 재정 등 각 분야별 전공과 업무경력, 문제해결력 등을 최우선적으로 고려하고 본인의 의지 등을 감안하여 경영전문성을 강화하는 데에 초점을 두었다.

국립생태원 직원들은 맡은 바 전문적인 본업에서는 묵묵히 성실하게 일하는 스타일이었다. 하지만 조직의 발전, 통합적 시너지 확대를 위해서는 **조직의 미션 비전을 공유하고 리더십 발휘, 혁신의 노력, 국민과의 공감대 등이 매우 중요한 요소**이기 때문에 공공기관 공직자의 자세와 조직의 유기적 협조와 소통체계가 정립되어야 했다.

1. 폐쇄적인 조직문화인 '칸막이 문화'부터 바꿔야 한다

나는 우선, 폐쇄적인 조직 내 칸막이 문화를 개선하고자 했다. 공식적 임원회의 외에는 본부장 간에도 서로 대화소통이 부족한 것은 문제로 보였다. 본부 간의 이간과 불평불만들을 대변하는 장소가 임원회의처럼 되어서는 안 될 일이었다.

기관장을 비롯하여 본부장들 간의 대화와 소통, 본부 내 주요 문제점들을 함께 협의하고 문제를 개선하기 위해 머리를 맞대었다. 본부별 입장을 존중하고 수시로 소통하면서 크고 작은 의제에 대해 오해나 왜곡이 없도록 노력했다.

조직 전체의 관점에서 본부 간의 이해충돌을 해소해 나가기 위한 기관장과 본부장의 노력이 본부별 직원에게도 전파되어 승진, 포상, 성과평가, 업무분장에 있어서도 서로 간 대화하고 중재하고 상호간 이해의 폭을 넓혀가기 시작했다.

칸막이 문화가 사라지자 국립생태원 조직 내에 서서히 바뀌어가는 모습들이 보이기 시작했다.

2. 권위적이고 위계적인 상하관계를 바꿔야 한다

내가 두 번째로 바꾸려고 한 것은, 권위적이고 위계적인 국립생태원의 직원 상하관계였다. 국립생태원은 자연생태 연구자들이었다. 그럼에도 직원들 서로 간의 이해와 공존공생의 문제에는 민감하지 않았다. 일반적인 조직과 마찬가지로 직원과 친하다고 반말하고 직원을 가족처럼 생각한다면서 무례한 언행을 쉽게 하고 있었다.

모든 직원은 지위고하를 막론하고 서로 존대말을 사용하고 서로 가벼운 목례로 먼저 인사하도록 캠페인하고 직원들의 소규모 대화모임을 주선했다. 공무직뿐 아니라 각 직급별로 월별 대화모임(행복동행, 이름은 '행동')에서 하고 싶은 이야기들을 해달라고 부탁했다.

다행히 그동안 쌓인 문제들에 대해서 가감 없이 솔직하게 현안부터 큰 주제들에 대해서 자신들의 입장을 털어 놓았다. 생활환경 개선, 인사불만, 급여문제 등 장기적 과제에 대해서는 연도별 개선과 보고일정을 잡고 소소한 문제들은 즉시 개선하고 공지했다. '행동' 참여자들이 늘어나고 해당부서 관리자들도 참여하여 오해를 해소하고 문제에 답변해 나가면서 조금씩 바뀌어 나갔다.

3. 일하기 편한 직장생활 공간을 만들어야 한다

일하는 사람이 편해야 일의 능률이 오르는 법이다. 회사가 직원들에 대한 급여나 복지 등 대우가 좋아지면 직원들도 고객들에게 친절해지기 마련이다. 내가 인격적이고 편안한 공간에서 일하면 남에게도 여유가 생기고 친철하게 대하는 법이다.

그런데 국립생태원은 규모가 크고 덩치만 컸지 일하기 편안한 직장은 아니었다. 30만평 대지 위에 우아하게 건축된 국립생태원 건물이지만 굴곡진 지붕의 특이한 건축공법 때문인지 초창기부터 사무동과 에코리움(세계5대 기후전시관)에 빗물이 새기 시작했다고 한다. 비가 내릴 때마다 벽면이 얼룩지고 사무동 곳곳에 양동이를 받쳐 놓고 일하고 있었다.

시설안전부장을 전문가로 교체하면서 면밀히 조사하면서 원인을 찾아나갔다. **마침내 건축공법에서 원인을 찾아내어 최소 수리비용으로 빗물 누수의 90%를 막아냈다.** 10%는 건물의 전면적인 개보수를 해야만 완료될 수 있는 부분이었다.

초창기에 예산부족으로 국립생태원 본원에는 200여 명이 사용할 사무동 건물로 지어졌기 때문에 현재 본원에 350여 명의 직원을 수용하지 못해 직원들은 업무공간 부족을 회사생활의 가장 큰 어려움으로 호소하고 있었다. 최악의 경우는 창문도 없는 사무실에서 10여 명의 직원이 근무하고 있는 부서였다. 건물 증축예산은 언감생심이었다.

당장 사무동 건물의 설계도를 찾아서 사무동 내의 모든 부서와 공간들을 일일이 돌아보고 점검했다. **초창기 업무예상 분석이 잘못되어 큰 비용을 들여 만들어놓고 전혀 사용하지 않는 공간도 있었고, 관리되지 않아 자리만 넓게 차지하고 있는 창고도 있었고, 틈새 공간들도 발견했다.**

공간재배치 작업을 마무리하고 틈새공간을 확보하면서 '창문이 없는 창고'에 배치되었던 직원들에게 창문 넓은 공간을 따로 마련해 주었고 회의공간도 더 늘어났고 휴게실 등 여유 공간들도 더 많이 확보하게 되었다.

4. 청렴하고 갑질 없는 조직문화를 만들어야 한다

대부분의 공공기관이 대외적 이미지를 고려하여 내부의 잘못된 행동에 대해서는 솜방망이 처벌로 대하고 있는 게 현실이었다. 이럴 때 공직자의 잘못된 행동에 대한 기관장과 임원의 태도는 매우 중요하다.

나는 경영관리본부장으로 인사위원장을 맡고 있기 때문에 더욱 공정하고 냉정한 자세로 잘못에 대한 징계와 징계결과에 대해 책임을 져야 했다. **나는 공직자의 청렴문제, 채용비리와 연구윤리 위반, 성희롱 · 성폭력이나 직장 갑질 문제에 대해서는 일체의 압력이나 사심 없이 규정에 따라 엄중징계하겠다고 공언했다.**

몇 차례의 인사위원회를 통해 연구윤리 위반, 성희롱 · 성폭력 사건, 직장 갑질에 대해 엄중한 징계처벌을 했다. 특히 상급자가 하급자에게 일상적으로 하대하는 행동, 소문이나 뒷말로 인격을 모독하는 행동, 상급자 행동을 감싸느라고 하급자를 비난하는 2차가해 행위에 대해서 수시로 교육하고 주의로 주었다.

그동안 직원들이 내부의 사건사고들을 외부에 먼저 알려 상급기관으로부터 질책을 듣고 기관의 이미지가 실추되곤 했었다. 나는 그것이 기관 내부에서 직원들의 문제를 제대로 처리하지 않고 솜방망이 처벌로 임기응변하는 불신의 반영이라고 생각했다.

나의 경우, 기관 내부에서 발생한 직원들 간 문제에 대해 충분히 양쪽의 의견을 수렴하고 사심 없는 징계처벌을 내렸기 때문에, 직원들도 기관을 믿게 되고 처벌수위를 수용하게 되었다. 기관 내부의 인사위원회 징계결정은 기관의 규정에 따른 행정상 절차이고 인사위원회는 외부인사가 과반 이상 참여하고 있기 때문에 징계수위는 가장 상식적으로 결정되곤 했다.

그럼에도 징계수위에 반발하면서 자신의 행위를 인정하지 않고 억울하다고 생각하는 사람은 법적인 소송절차를 거쳐서 판결을 받는 수순으로 가도록 안내했다.

나는 국립생태원 인사위원장으로서 양심에 거리낌 없이 공정하게 징계수위를 결정했고 많은 직원들이 메시지를 보내 응원하고 격려해 주었다.

누군가를 바꾸려면 내가 먼저 바뀌어야 한다. 서천 경제를 바꾸려면 국립생태원부터 먼저 바뀌어야 한다. 변화는 언제나 나부터, 우리부터, 가까운 곳부터 시작되어야 한다.

국립생태원 연구실이 안전관리 우수연구실 인증을 받았다

플랜A와 플랜B

공공기관 온실가스 감축 목표 32% 달성

국립생태원은 국가의 자연생태보전을 위한 유일한 공공기관으로서 기후위기를 극복해 나갈 습지 보호, 생물다양성과 멸종위기종 복원 등 자연기반 해법을 추구하는 공공기관이다. 그럼에도 불구하고 정부의 2021년 공공기관 온실가스 감축률 32%를 달성하지 못했다.

내가 경영관리본부장으로 취임했을 때, 경영실적에 대한 전체 평가등급보다 먼저 눈에 띄었던 것은, **왜 온실가스 감축 목표 32%에 훨씬 미달되는 22% 감축밖에 하지 못했는가 하는 것이었다.** 2030년까지 온실가스 감축률에 대한 정부 목표는 50%로 점차 상향될 것인데, 왜 국립생태원이 신재생 에너지 전환을 적극적으로 하지 못한 것일까?

신재생에너지 시스템으로 건축된 국립생태원

직원들의 의견을 들어보니 30만 평 규모의 국립생태원은 에코리움(세계 5대 기후관) 전시관 등 동식물이 살아가는 온도, 습도 등의 보전 유지를 위해 에너지 소모가 매우 큰 시설물을 보유하고 있기 때문에 2014년 국립생태원 설립시부터 재생에너지 시스템으로 건축되었다는 것이다.

다시 말해, **국립생태원은 건립 설계 때부터 이미 에너지 자급률과 신재생 에너지 활용률이 매우 높은 기관이었던 것이다.** 최근에 국립생태원 내에 신축한 직장어린이집이나 미디리움(미디어 생태전시관) 역시 태양광 발전설비를 갖추고 있다고 했다.

그런데 온실가스 감축률에 대한 공공기관의 평가에서는 일년 동안에 신재생 에너지 전환률을 직전년도와 비교 평가하는 방식이기 때문에 이미 신재생 에너지를 활용하여 온실가스 감축에 기여해온 부분에 대해서는 고려하지 않는다는 것이었다.

평가방식에 대한 아쉬움은 있지만 기후위기 대응을 위해서는 어느 기관이라도 더 노력해야 한다는 것은 자명한 사실이었다. 예산을 더 확보해서 신재생 에너지로 추가 전환을 해야 한다고 생각했지만 국립생태원의 전시관 시설규모가 어마어마하기 때문에 사업예산에 밀려 시설예산을 책정하는 것은 하늘에 별따기처럼 어렵다고 했다. 한해 한해마다 책정되는 시설관리예산의 절약만으로 온실가스 감축목표를 달성하려면 10년 이상의 시간이 걸린다. 정부의 공공기관 온실가스 감축 평가기준에 의하면 국립생태원이 신재생 에너지 전환으로 온실가스 감축목표를 달성하기는 매우 어려운 일이었다.

문제를 해결하려면 '변명'보다 '방법'을 먼저 찾아야 한다!

여러 가지 방법을 모색하던 중에 국립세종수목원이 태양광 발전 전문기업과의 협업을 통해 태양광 시설을 설치하고 온실가스 감축목표를 조기에 달성했다는 소식을 듣게 되었다.

시설관리 직원들과 당장 국립세종수목원을 찾아가 태양광 시설 현황과 진행과정을 확인했다. 한전 자회사들이 기금을 조성해서 공공기관의 신재생 에너지 전환사업을 추진하고, 그로 인해 발생하는 전기요금 절약분으로 설치비용을 10년에 걸쳐 회수하는 방식이었다. 공공기관 대 공공기관으로 이런 방식으로 진행한다면 국립생태원은 한전의 에너지 전환기금을 활용하여 환경부의 추가 예산이 없어도 먼저 온실가스 감축률을 높일 수 있게 되는 셈이었다.

문제는 국립생태원도 이러한 협업방식에 대해 환경부와 사전 업무 협의를 하고, 사업 타당성 조사와 법률자문 등 현실 가능성을 확인해야 했고, 한국전력공사(한전) 자회사의 공모 기준에 합격해야만 최종결정되는 것이었다. 한전에서도 공공 기관에 지원하는 에너지 전환기금이 한정되어 있기 때문에 태양광 설치를 원하는 모든 공공기관에 혜택을 줄 수는 없기 때문이었다.

시설관리직원들과 함께 많은 절차와 협의과정을 거쳐 거의 1년 동안 차근차근 준비해 나가고 있었다. 하지만 그 절차와 협의과정이 거의 끝나갈 무렵, **윤석열 정부는 한전 적자에 대한 책임을 물으면서 자구책을 요구했고 한전은 공공기관의 신재생 에너지 전환을 위해 준비했던 기금사용을 중단해 버렸다.** 한전의 적자는 국민경제를 위해 전기요금 인상을 하지 않은 탓이지 국가의 기후위기 대응을 위한 신재생 에너지전환 때문이 아님에도 불구하고 윤석열 정부가 국민여론 호도용으로 한전을 두들기고 있었다.

안타깝게도 일년 동안 준비해온 노력이 허사가 되었다.

만약의 상황에 대비한 플랜B도 준비했다

하지만 만일의 상황을 대비하여 꾸준히 노력해 왔던 플랜B
가 있었다. 우리는 한전의 기금 지원방식을 준비해 가면서도
환경부와 지속적으로 재생에너지 예산 필요성을 협의해 갔
다. 마침내 환경부가 국립생태원과 국립공원 등 산하 공공기
관의 신재생에너지전환 예산을 우선 책정하기로 결정하였다.

플랜A를 추진하는 과정에서도 플랜B에 대해 준비하고 있
었던 우리들의 노력이 빚어낸 결과였다.

**원래 추진 계획이었던 플랜A에 오랜 시간 공을 들였지만, 만일
의 경우를 대비해서 플랜 B에 대한 예산요구도 성실히 진행하였
기에 플랜A의 실패에도 불구하고 플랜B의 성공으로 온실가스 감
축목표를 달성하게 되었다.**

이 과정들을 겪으면서 나를 포함해 국립생태원 직원들이
느꼈던 점은, 중요 과제를 진행할 때 플랜A에 집중해야 하지
만 만일의 경우를 대비한 플랜 B를 가지고 있어야 한다는 것
이다. 한 개인의 인생이든, 조직의 프로젝트에 대해서든 최선
을 다했다고 항상 성공하는 것은 아니기 때문에 우리는 실패
했다고 좌절하는 것이 아니라 최소한의 플랜B는 대비하고 있
어야 한다.

조직의 비전을 세워라

강소형에서 준정부기관으로

국립생태원의 직원 정원은 650명이다. 2019년쯤 문재인 정부의 비정규직 전환으로 기존의 300여 명에서 공무직을 포함한 정규직 정원이 두 배로 되었다. 정규직의 규모가 늘어나면서 국립생태원은 기존의 강소형에서 2020년 준정부기관 경영평가대상이 되었다.

국립생태원은 300여 명의 강소형 조직일 때도 직전 B등급을 제외하면, **연구기관의 특성상 해마다 성과를 창출하기가 어렵다는 이유로 C, E, C, C등급을 받는 등 경영실적 평가등급이 낮았다.** 준정부기관 기준으로 평가를 받기 시작한 2020년부터는 2년 연속 가장 낮은 등급인 D등급을 받은 상태였다. 강소형에서 준정부기관으로 전환되면서 평가의 기준과 수준이 높아지고 PDCA(계획-집행-점검-환류) 체계 구축이 중요해졌지만 이러한 변화에 적극적으로 대응하지 못하고 있었다.

직원들의 사기가 매우 하락해 있었다. 직원들이 더 억울하다고 느끼는 것은 생태연구기관으로 최고의 연구실적을 올리고 환경부의 자연정책 수립의 핵심적인 역할을 하고 있음에도 '연구기관'이 아닌 '공공기관 일반'의 경영실적 평가를 받아야 한다는 것이었다. 열심히 연구 실적을 쌓아가고 있는데도 경영실적 평가에서는 하위 등급을 받고 있다는 불만이었다.

해마다 성과를 측정하는 공공기관 경영실적평가에서 최하위 D등급을 받으면 신규사업예산을 받기 어려워지고 임금인상폭이 제어되고 경상경비는 삭감된다. 그렇기 때문에 기관이 새로운 사업을 계획하고 추진하는 데도 어려움이 발생하고 그나마 작은 직원복지도 제한이 걸리게 된다. 기관이 연속해서 D등급을 받으면 기관장에게는 경고가 떨어지고 직원들은 기관장의 리더십을 탓하게 되고 업무의욕도 떨어지고 성과를 내기는 더욱 어려운 상황이 되기 때문에 공공기관들과 기관장들은 해마다 경영실적평가 등급에 목을 매게 되어 있다.

문제는 통합적 시너지를 이끌어 내는 것

국립생태원은 연구기관이다 보니 기관장도 학자 중심으로 선임된다. 조직 인사 재정 등을 관리하는 전문경영인이 아니다보니, 교수님 특유의 이론적 취향과 전공분야에 따른 연구자 특성을 가지고 있다. 물론, 경영전문인이 국립생태원의 기관장이 된다고 해서 조직운영이 다 잘되는 것도 아니다.

문제는 얼마나 직원들이 가지고 있는 능력과 동력을 최대화하여 통합적 시너지를 이끌어낼 수 있는가에 따라 조직운영과 목표 달성의 성패가 결정되곤 한다.

환경보전협회의 경영관리본부장으로 3년 동안 공공기관의 경영실적 평가를 주관하면서 가장 중요한 것은 '기관이 전년도에 비해 얼마나 노력해서 성과를 냈는가'에 대한 부분이다. 전년도와 비교하여 다음해에 진행된 노력과 과정 그리고 성과가 무엇인가를 보고서에 잘 드러나게 작성해야 했다.

그런데 국립생태원은 모든 부분에서 노력하고 있었지만 어느 부분도 뚜렷하고 특별한 성과가 보이지 않는 상황이었다. 나는 한두 가지 개선점에 집중하여 확실한 성과를 창출하는 것이 아주 중요한 요소임을 강조했다.

국립생태원 직원들은 실제로 장기적인 시간이 걸리는 자연 생태 조사현장에서 매우 어려운 일들을 묵묵히 열심히 하고 있었지만, 이 업무의 결과가 얼마나 중요한 국가생태 데이터가 되는지, 얼마나 큰 수고가 쌓여야 하는지 설명하지 못하고 있었다. **기관의 전략체계에 대한 공유, 공감대를 확산하지 못한 채, 경영실적 평가를 성과부서가 혼자 주도하고 혼자 하는 일처럼 방치하고 있었다.**

성과부서 또한 평가기준이 상향되었음에도 기존의 서술방식을 그대로 답습하고 있었다. 업무의 우선순위와 목표를 공유하지 못한 채, 실무담당자들이 자신이 수행한 업무를 반복적으로 기술하고 임원들은 결재도장만 찍는 셈이었다.

국립생태원 전체조직의 목표와 발전방향, 한해의 특별한 성과를 제대로 전달하기 위한 기관장과 임원의 역할이 보이지 않았다.

핵심가치와 비전을 공유하다

2022년, 국립생태원의 일 년 경영평가를 위해 가장 중요한 것은 조직이 나아갈 방향을 정립하는 것이었다. 조직의 설립목적인 연구, 전시, 교육의 세 마리 토끼를 다 잡으려고 우왕좌왕하다가 한 마리도 못 잡고 다 놓칠 수도 있는 위기상황이었다. 비상경영회의를 소집하고 전 직원들에게 비상한 각오로 올해의 난관을 헤쳐 나가자 했지만, 정작 중요한 것은 조직이 나아갈 방향을 수립하는 것, 일관성 있는 경영가치 체계를 수립하는 것이었다.

내가 우선적으로 진행한 것은, 국립생태원의 미션과 비전, 핵심가치에 대해 부서, 실, 본부단위 직원들의 토론을 거친 상향식 의견 수렴과 **임원회의에서 최종결정한 미션 비전을 캠페인하고 전 직원과 공유해 나가는 것이었다.**

기존의 "자연환경의 연구와 보전으로 생태문화 확산을 도모하여 지속가능한 미래구현에 기여한다"는 미션 비전은 기관의 설립목적을 나열적으로 서술해놓은 문장이었다. 이 문장은 국립생태원의 설립목적을 그대로 서술해서 특별히 기억할 만한 집중력이 없었다.

그래서 국립생태원이 조사하고 연구하여 데이터를 축적하는 목적은 자연생태계를 보전하기 위한 것으로 통합하고, 전시와 교육의 궁극적인 목적은 국민들에게 자연 생태가치를 전달, 확산하기 위한 노력으로써 기후위기 및 지구를 지키는 지속가능한 미래를 만들겠다는 국립생태원의 의지표현에 더 초점을 맞추었다.

새로운 미션은 "자연생태계 보전과 생태가치 확산으로 지속가능한 미래 구현"으로 최종 결정하였다. 비전 역시 수많은 난상토론을 거치면서 점차 다듬어져 갔다. 기존의 비전은 "생태연구의 리더, 생태가치 확산을 주도하는 생태전문기관"으로 다시 설립목적을 반복하고 연구, 전시,교육을 나열하고 있는 형국이었다.

비전은 미션보다 좀 더 단기적 목표의 달성과제를 표현하고 실현성을 중심으로 한다면, 최근 활발하게 전개되고 있는 ESG경영 관점을 반영하고 지향점을 구체화하여 기관의 역할, 기관의 성격을 표현하는 것이 필요했다. 문구를 두고 계속적인 토론 끝에 최종 결정된 **국립생태원의 비전은 "자연과 인간의 공존을 위한 국가 자연생태 플랫폼"**이었다.

비전은 명징해서 직원들의 기억에 선명하게 남아야 한다고 생각했다.

환경변화를 예측하여 미리 대응책을 마련하다

두 번째의 과제는 공공기관을 둘러싼 대외적 환경변화를 예측하고 대응하는 것이었다. 대외적으로 가장 큰 환경변화는 문재인 정부에서 윤석열 정부로 행정부의 정책지향이 달라진 점이었다.

공공기관은 나라의 일을 기관의 설립목적에 맞게 나누어 집행하는 기관이므로 윤석열 정부의 등장은 문재인 정부와는 매우 상반된 정책기조를 펼칠 것이 틀림없었다. **민주당 정권이 재정확장으로 복지나 사회적 가치에 적극적인 반면, 보수 정권은 예외 없이 작은 정부와 복지지출 축소, 예산절감을 들고 나왔기 때문이다.** 정부정책에 발맞춰야 하는 공공기관은 이러한 정책이 미칠 영향력을 충분히 예상하고 예산이나 인력감축에 미리 대비하고 있어야 했다.

한국전력공사 등 주요 공기업의 적자운영을 문제 삼으면서 출발한 공공기관 혁신은 '예산 감축'을 주내용으로 하고 있었다. 모든 공공기관에 비상이 걸렸지만 국립생태원의 경우, 연속적인 D등급으로 경상경비는 해마다 축소되어 왔고 직원들의 복지는 최하위 수준이었으므로 더 이상 축소할 것이 없는 상태였다.

8월쯤 윤석열 정부는 공공기관의 방만경영을 뿌리뽑겠다면서 모든 공공기관의 정원감축과 예산감축, 복지축소 방안을 한 달 내로 작성 제출할 것을 요구하였다.

가장 큰 문제는 비정규직의 정규직 전환으로 늘어난 정규직 정원의 축소와 사업부서 축소, 상급 관리직의 축소였다. 하지만 윤석열 정부 출범 이후 감축요구에 대비하여 기존의 사업포트폴리오를 분석, 공공성과 효율성을 고려한 기능조정과 인력조정 작업을 하고 있었던 우리의 경우, 큰 분란 없이 **직원들의 양해를 구하면서 대부서화, 정현원차 축소, 중복업무 해소, 전시관 운영 디지털화 등을 통하여 4.2%의 조직슬림화 방안을 제출하였다.**

대외적인 환경변화에 대해서 미리 대응책을 찾아 준비하고 있었기 때문에 직원들의 불안과 불만, 노사 간에 불화를 겪지 않으면서 어려운 정원감축, 사업 감축, 조직축소를 진행할 수 있었다.

조직의 전망과 사업의 방향을 이해하는 것이다

나는 전년도의 경영실적평가 지적사항에 대해서는 해당업

무의 본부장 주관하에 시정, 개선방안을 내오고 본부장에게 총괄 관리 책임을 지도록 했다. **향후의 주요업무에 대한 PDCA 체계 수립을 각 본부장의 권한에 두고 각 본부장의 내부성과 평가에 반영하는 방식으로 책임성을 강화하였다.**

각 본부장은 업무성과에 대한 중간 점검과 관리 지원을 함으로써 직원들의 업무집행의 애로사항을 즉시 해소할 수 있도록 하였다. 지금까지 담당실무자 선에서 정리하고 본부장은 도장만 찍는 방식에서, 본부장이 책임지고 관리하는 방식으로 바꿈으로써 모든 본부장과 직원들이 열성적으로 업무관리에 집중해갔다.

새로운 미션과 비전, 핵심가치를 각 사업분야에 반영하고 국립생태원의 10년 중장기 발전방향, 3년간 진행할 단기과제 등을 정리하면서 임직원 모두가 조직의 전망과 사업의 방향을 이해하기 시작했다.

이제 평가가 아니라 조직의 목표와 방향, 로드맵을 가지고 각자의 분야에서 일하기 시작했으며 국립생태원 전체의 발전방향을 찾아가고 있었다.

사실, 직원들이 하는 일이 크게 달라진 것은 아니었다. 기존의 업무를 계속하고 있지만 자신이 하는 업무의 기여도와 도전적 목표달성과 성과에 대한 상관관계를 깨달았을 뿐이었다. 자신과 동료에 대한 자부심이 달라졌고 성과를 함께 이루는 팀워크에 대한 태도, 적극적으로 성과를 표현하는 과정 PDCA체계에 대한 이해도가 높아졌다. **자신의 업무에 대한 기여도와 목표달성에 대한 이해만 바뀌어도 일에 대한 자부심과, 팀워크가 달라지고 그 성과가 바뀌기 시작했다.**

마침내 국립생태원 직원들은 자신들이 열심히 일했던 것에 대해 제대로 된 평가를 받게 되었고 그에 따른 보상을 받게 되었다.

올바른 전략으로 업그레이드

1. 성과관리부서는 혁신 능력을 키워야 한다

대다수 공공기관 경영관리본부에는 조직 전체의 업무를 효과적으로 수행하고 실무적으로 관리하기 위한 성과관리부서를 두고 있다. 성과관리부서는 공공기관의 목표와 전략을 수립하고, 목표달성을 체계적으로 점검하기 위한 부서이다.

성과를 제대로 측정하고 개선하기 위해서는 성과관리부서 직원들이야말로 조직의 업무 전체를 파악하고 배분할 줄 알아야 하며 공정한 성과측정과 혁신 능력이 있어야 한다. 성과관리부서는 임원진의 전략과 정책수립을 보좌하고 행동계획을 수립하는 프로세스에 익숙해야 하며 조직성원 간에 조직목표 공유와 업무책임 강화, 동기부여 등을 이끌어 내어 더 나은 성과를 창출하는 데에 견인차 역할을 해야 하는 막중한 책임을 지고 있다.

그럼에도 국립생태원의 성과관리부서에는 성과관리에 훈련된 직원들이 거의 없는 상황이었다. 지난 8년 동안 경영실적평가에서 지속적으로 하위등급을 받아 그때마다 인사이동이 계속되었기 때문에 성과관리에 대한 체계와 노하우가 축적되지 않은 것이다. **국립생태원이 연구직 위주로 운영되다 보니 경영관리 일반에 대한 이해도가 부족했고 경영의 전문적 능력이 없어도 순환보직으로 누구나 할 수 있는 일이라는 경영경시 풍토가 있었다.**

성과관리를 위한 MBO와 KPI 설정은 조직의 업무 전체를 파악하고 조정하여 과정을 관리해야 하는 매우 난이도가 높은 과정인데 노하우가 축적되지 않는 성과관리부 직원들이 그 일을 해내는 것은 어려운 일이었다. 따라서 해마다 악순환을 반복할 수밖에 없었던 것이다.

2. 적재적소 인재 배치+노하우 축적

2021년 9월 취임했을 때 성과부서 직원들을 보고 안타까운 마음이 많이 들었다. 지난 6월에 받은 D등급 때문에 심리적 압박이 매우 큰 상태에서 분주하게 열심히 일하고 있지만 성과목표와 전략에 대한 전 직원 공유가 부족했다. 직원들의 냉담과 비협조, 임원진들의 방관 속에서 성과부서 직원들만 이리 뛰고 저리 뛰고 있었다. 게다가 성과부서 직원들도 신임이라서 조직 전체의 관점에서 성과를 조율조정하지 못했다. 그리고 각 부서가 기술한 실적들을 종합해서 기술하는 수준이었다.

인사이동시, 국립생태원에서 적재적소에 따라 배치해야 할 가장 중요한 일이 성과관리부서라고 생각했다. 성과관리부서를 제대로 운영할 수 있는 직원을 찾아내는 것이 급선무였다. 경영전공자들을 우선 찾아내고 기존의 성과부서 직원들의 업무경력을 점검했다. 기관장에게는 인사이동을 하고 나면, 성과관리부서만큼은 일 년 이상 장기근무를 해야 하며, 불가피한 경우에도 한두 명씩만 차례대로 보직이동하면서 성과업무의 연속성과 노하우가 축적될 수 있도록 해야 한다고 건의했다.

인사이동을 하고 나서 성과관리 부서 직원들의 전문성을 향상시키기 위해 A등급을 받은 우수기관의 견학 및 상담, 자료수집 등 타기관의 장점을 연구하고 배울 점들을 찾아오도록 했다. 기존의 평가위원들을 만나 우리 기관의 부족한 점, 개선점 등에 대해 의논하고 각종 성과관리 세미나 교육 등에 참여하도록 했다. 성과관리부서 직원들이 설문조사, 전문교육, 컨설팅 과정을 통해서 조직의 업무 전체를 구체적으로 파악하도록 했다. 또한 임원진이 성과관리에 대해 이해하고 협조할 수 있도록 실무적 보좌를 하는 것도 필요했다.

이전, 환경보전협회의 경영관리본부장으로 일하기 시작할 때 D등급이었던 경영평가를 3년 동안 B등급으로 상향시켜왔던 경험과 노하우를 십분 활용했다.

국립생태원은 환경보전협회의 열악했던 인력과 현황과 비교하면 매우 우수한 인력구조와 환경, 기관장의 개방적 마인드를 가지고 있어서 구성원의 동기부여, 비전의 내재화, 소통의 노력 등이 더해진다면 훨씬 좋은 평가를 받을 수 있다고 생각했다.

모든 것을 처음부터 다 뜯어 고쳐야 하는 것이 아니라 국립생태원이 충분히 잘할 수 있고 잘하고 있는 업무에 집중해서 개선, 성과를 창출하는 것, 그리고 잘한 점을 제대로 표현해서 어필하는 것이 중요하다는 점을 강조했다. 그리고 과거에 평가가 좋지 않았다고 국립생태원 직원들이 열심히 일하지 않은 것도 아니다. 과거에도 지금도 열심히 일하고 있는 우리의 노력을 제대로 어필하자는 것이니 우리가 하는 모든 업무에 자부심을 가지고 최선을 다하자, 기죽지 말자고 강조했다.

현장에서 실무를 담당하고 있는 직원들이 인정받고 공감해야 목표를 달성하는 주체가 되고 업무의 활력과 추진력이 생기기 때문에 직원의 자신감, 팀워크, 소통을 강화하는 것이 임원진이 해야 할 일이었다.

3. 경영실적평가의 차이는 경영전략에서 나온다

공공기관 경영실적평가는 경영관리부문이 50%, 주요사업이 50%로 배분되어 있다. 공공기관 평가위원들이 대부분 경영, 행정, 노무, 재정 등의 전문가들로 구성되어 있는 것은 **320여 다양한 공공기관의 경영상태, 성과에 대한 노력을 측정하기 때문이다.**

그렇기 때문에 각 공공기관이 수행하는 전문적 업무영역, 주요사업에 대해서는 성과관리의 적정성, 목표의 도전성 정도만 살피고 대부분 기관의 의견을 수용해주기 때문에 커다란 등급 차이가 나지 않는다.

따라서, 각 공공기관의 경영실적평가 등급 차이는 50%인 경영관리부문에서 나오게 된다. 경영관리 범주는 매우 세밀하게 구분해서 평가한다. 경영전략, 사회적 책임, 재무성과 관리, 조직 및 인적자원 관리, 보수 및 복리후생 등 5개 범주로 나누어 12개 세부항목별로 꼼꼼하게 평가한다. 사실상 기관의 경영 전반을 세밀하게 꾸준히 관리하지 않으면 하위등급을 면하기 어렵다.

경영관리의 5개 범주에서도 첫 번째 중요한 것이 경영전략이다. 경영전략에서 전략기획 및 경영혁신, 리더십, 국민소통을 중심으로 MBO와 KPI에 이르기까지 일관성 있고 체계적인 방향성과 주요성과의 포인트가 없으면 하위등급을 받을 수밖에 없다.

경영전략은 대내외적 환경변화를 기관의 운영에 반영하고 기관의 설립목적에 따라 공적업무를 어떻게 어떤 방식으로 진행하고 개선과 성과를 창출하겠다는 기관장의 리더십과 조직구성원 모두의 각오를 드러내는 과정이다.

나는 새 정부의 정책기조와 ESG 경영이라는 환경변화에 대응하여 기존의 전략체계를 전면적으로 개편하였다. 기존의 전략체계는 구체적인 목적이 분명치 않고 성과 창출에 대한 집중성이 애매모호하고 내부 공유가 부족한 상태였다.

설립목적에 근거한 국립생태원의 미션을 기존의 연구중심에서 성과를 공유하고 협력하는 생태중심기관으로 질적 변화를 추구하기로 했다. 따라서 국립생태원의 핵심가치를 생태중심, 상생협력, 국민공감, 자율혁신으로 잡았다.

국립생태원의 비전은 '자연과 인간의 공존을 위한 국가 자연생태 플랫폼'으로서 자연생태계의 다양성과 건강성을 확보하고 **생태가치 증진을 위한 협력과 혁신의 허브가 되겠다는 각오를 표현하기로 했다. 국립생태원이 앞장서서 정부와 국민 사이에서 자연생태정책을 연결하는 역할 그리고 생태정보를 개방하여 국민과 함께 공감대를 넓혀나가는 역할을 하겠다는 점을 분명히 했다.**

국립생태원의 존재와 국립생태원에 연구원들의 역할은 국가의 생태 정책을 국민에게 올바르게 연결하고 전달하는 것임을 명확하게 했다.

그런 전략적 기준을 중심으로 경영실적 보고서의 일관된 방향을 잡고 탁월한 성과를 전단하는 방식, 거미줄처럼 연결된 업무의 효과를 적극적으로 어필하고 홍보하였다.

국립생태원 역사상 최고등급인 B등급(절대등급 A등급)이라는 결과로 증명받다

앞서 말한 각종 노력의 결과로 인해 국립생태원은 2022년 경영실적 평가에서 두 단계나 상향된 B등급을 성취했다. 모든 직원들이 합심하여 노력한 결과물이기에 더욱 감동적이었다. 간신히 B등급에 턱걸이한 것이 아니라 국립생태원 역사상 가장 높은 점수를 받았다.

국립생태원 안팎에서는 A등급을 받은 것이나 다름없다는 얘기들이 돌았다. 보통 한 등급 상향도 쉽지 않은 일인데 두 등급이나 상향되어 실질적으로 A등급을 받은 것과 진배없다

2023년 국립생태원 경영실적평가 심사를 마치고 직원들과 샤우팅

는 이야기인지 긴가민가했다. A등급을 줘야 할 정도로 우수한 성과를 냈지만 직전년도에 D등급이었기 때문에 평가위원이 한번에 3등급이나 높은 A등급을 주지 못했다는 이야기도 들렸다.

그런 얘기가 전혀 근거 없는 얘기는 아니었다. 왜냐하면 공공기관 **경영실적 평가는 상대등급과 절대등급으로 나누어 평가받고 있는데 국립생태원의 상대등급은 B등급이었지만, 절대등급은 A등급을 받았기 때문이다.**

또한 기재부가 2단계 상향이라는 탁월한 노력에 대한 포상으로 B등급 성과급에 +10%의 추가지급을 권고하였기 때문에 **A등급과 똑같은 수준의 성과급을 전 직원이 수령하게 되었던 것이다.** 그러다보니 직원들 사이에서 "A등급을 받은 것이나 마찬가지다"라는 말이 나오게 된 것이었다.

이 모든 것은 나 혼자의 힘으로 이룬 것이 아니다. 경영관리본부장의 신념과 경영혁신 방향을 믿고 함께 기관을 바꾸려 했던 국립생태원 직원들의 노고와 헌신 덕분이다. 국립생태원은 연구기관이란 생각에서 벗어나, 변화하는 환경에 적응해 가면서 새로운 비전으로 무장하고, 경영혁신을 위해 다함께 노력했기 때문이다.

 덕분에, 나로서는 국립생태원 경영관리본부장으로서 직원들을 믿고 사랑하면서 최선을 다했던 경영평가 결과가 잘 나와서 아쉬움 없이 흐뭇한 마음으로 퇴임할 수 있었다.

2023. 6. 국립생태원장과 함께, 마지막 퇴임식을 하다

세상은 바꿀 수 있다

서천군과 국립생태원의 동행을 제언한다

나는 지난 6월 19일 국립생태원을 퇴임했다. 임기는 올해 연말까지 남아 있었지만 서울 마포갑 선거구 국회의원 출마를 결심하고 조금 더 일찍 퇴임하기로 결정했다. 많은 추억과 성과를 남기고 떠난 만큼 앞으로 국립생태원이 어떤 역할을 하며 발전을 이루어야 할지 이 기회를 빌어서 남겨두고 싶다.

국립생태원은 기후위기 시대를 맞아 자연생태계 보전과 생태가치 확산을 위해 좀 더 적극적인 역할을 해야 할 것이다. 그러려면 현재 충남 서천군이라는 지역적 한계에 갇혀 있어서는 안 된다고 생각한다.

대다수 인구가 밀집해 있는 수도권에 적극적으로 진출하기를 기대한다. 많은 국민이 모여 있는 수도권에서 생태·환경 교육이 이루어져야 한다. **교육 센터를 수도권 곳곳에 두고 국민에게 제대로 된 생태인재 양성과 생태교육을 전달하는 역할을 해야 할 것이다.** 국민들의 생태관광이 자연생태환경을 보전하는 계기점이 되도록 하는 것이 궁극적인 목표가 되어야 할 것이다.

찾아오는 생태원에서 찾아가는 생태원으로 바꿔야 한다

현재의 국립생태원은 관람객 유입을 바라는 지역적 한계에 갇혀 있지만, 이제 한 걸음 더 나아가 찾아가는 생태교육이 필요하다. 국립생태원은 자연생태 연구데이터 축적과 국민의 생태교육에 더 집중하는 것이 국가의 자연생태 보전에 더 적합하다고 생각한다.

현재 충남 서천에 위치한 국립생태원은 사무동, 연구동뿐 아니라 에코리움(세계 5대 기후관)전시관과 야외 전시공간 등 큰 시설물이 많다. 이런 시설을 유지관리하기에 부담이 큰 점도 있지만, 그에 앞서 국립생태원의 연구교육 목적사업 시설로서 운영관리하는 것이 적합한지를 생각해볼 때가 됐다.

국립생태원과 분리하여 관람객 유치를 위한 전시관사업은 서천군이 직접 맡아서 운영하는 것은 어떨지 생각해볼 필요가 있다.

현재처럼 국립생태원이 전시관을 직접 운영한다고 하더라도 서천군 및 충남도와 함께 도시 전체가 '자연생태도시'의 그랜드 비전을 세우고 세계적인 생태복원의 모델이 될 수 있도록 협력해야만 한다.

충남 서천과 국립생태원의 아름다운 동행

지금까지는 서천군은 물론이고 충남도와의 협력적인 생태도시 구상의 진도가 나가지 않고 있다. 기후위기 시대에 에너지 전환과 더불어 자연기반 해법의 생태환경을 보전 복원해야 할 필요성은 더욱 절실해지고 있는데 인구소멸도시인 서천군 행정은 여전히 산업단지유치 등 개발사업에 대한 과거형 발전방안에만 매달려 있는 것 같아서 안타깝다.

또 하나는 과거 장항제련소가 있을 때 일자리 충원 역할을 했던 장항공고와 같은 학교들도 이제는 친환경시대의 자연생태복원 기술을 익히는 자연생태 학교로 전환, 지역의 생태인재를 양성하는 방안도 모색해야 한다. 그 학교에서 배출된 생태 및 환경 전문가들이 고향을 떠나지 않고 서천지역의 국립생태원과 자연환경. 생태관광 업무에 종사할 수 있다면 지역 인구 소멸도 막을 수 있고 지역발전에도 기여할 수 있을 것이다. 국립생태원과 서천군이 함께 노력한다면 충분히 가능하리라 생각한다.

내가 꿈꾸는 서천과 국립생태원의 동행은 세계자연유산이자 지구의 허파인 서해갯벌을 지키고 생태환경의 보전복원을 통한 생태관광도시로의 발전이다. 아마도 서천군과 국립생태원 모두에게 유익할 수 있는 유일한 방안이 될 것이다.

브라질의 꾸리찌바, 영국의 에덴프로젝트, 쿠바의 아바나, 우리나라의 전남 순천 등 산업개발을 멈추고 생태중심으로 거듭 태어나서 세계적인 생태관광도시가 된 성공적인 사례들도 많이 있다. 다만 순천시민의 선택처럼 산업화가 아닌 친환경 생태시대에 맞는 **도시민 전체의 생태발전 관점, 협력과 공유의 마인드가 필요하다. 지방행정의 적극적인 생태중심의 리더십이 필요하다.**

지금도 늦지 않았기에 서천군, 충남도와 국립생태원의 아름다운 동행을 기대한다.

에필로그

대한민국 정치, 미래를 준비하라

대한민국 정치, 미래를 준비하라

결론은 '다시, 민주주의'다. 나는 절망 속에서도 희망을 꿈꾸면서 스스로 주인되는 길을 찾았고, 열 사람의 한 걸음이 되어 세상을 바꾸어왔다. 제대로 된 생활정치와 지방자치를 원하며 시민이 참여하는 국가의 미래를 꿈꾸고 있다. 내 삶이 다시 민주주의!! 국가의 미래를 가리키고 있다.

노무현 대통령이 퇴임식을 마치고 고향에 내려가 "야, 기분 좋다" 하던 소탈한 웃음이 사무치게 그립다. 대통령이 서울을 두고 봉하마을로 내려간 것은 당신 스스로 '깨어 있는 시민'이 되고자 함이었다. 서울 한복판에서 상왕 노릇하며 정치권력을 누리기보다는, 시민 스스로 만들어나가는 새로운 정치문화를 온몸으로 보여주고자 했다.

그랬던 서민 대통령 노무현이 2009년 5월 23일 우리 곁을

갑자기 떠났다.

　노무현 대통령은 반칙과 기회주의가 판치는 세상에도 굴하지 않고 원칙과 상식의 길을 꿋꿋이 걸어갔다. 큰 새였기에 바람을 거슬러 날았다. 살아 있는 물고기였기에 물살을 거슬러 헤엄쳤다.

　그의 재임 기간 5년은 낡은 것을 끝내기 위한 투쟁의 과정이었다. 노무현 대통령은 새 시대의 첫차가 되고 싶었지만, 구시대의 막차를 떠나보내지 않는 한 첫차는 출발할 수 없었다. 그는 기꺼이 구시대의 청소부를 자처했다.

　같은 해 8월 18일, 한국 현대사의 아픔과 질곡을 짊어지고 민주주의와 남북화해의 새 시대를 열었던 김대중 대통령이 서거했다. 55회에 이르는 가택 연금과 6년 간의 투옥, 잇따른 암살 시도와 사형 선고로 위험했던 김 대통령의 삶은 상상하기 힘든 고난과 시련으로 점철되어 있었다. 당신의 삶은 한국 현대사 그 자체였다.

　김대중 대통령은 삶의 마지막 순간까지도 나라와 민족의 장래를 염려했다. 우리 국민에게 '행동하는 양심'으로 살 것을 호소하고 일깨웠다. 노무현 대통령 노제에서의 오열은 살아남은 사람들이 민주주의, 서민경제, 남북화해의 길을 열라는 간절한 외침이었다.

그러나 **김대중 노무현 두 분의 대통령이 혼신의 힘을 다해 보듬어온 민주주의가 보수정권의 집권으로 위기에 처했다.** 두 분의 꿈이었던 "자유가 들꽃처럼 만발하고, 정의가 강물처럼 흐르며, 통일의 희망이 무지개처럼 피어오르는 나라"는 점점 멀어지고 있다.

이명박 박근혜 정부 10년 동안 국가의 위상, 민주주의와 경제적 기반들은 무너져 내렸고 부자 감세, 작은 정부로 불평등은 심화되고 복지는 약화되었다. 국민의 생명과 안전을 지키지 못한 박근혜 정부, 세월호의 비극과 국정농단으로 국민의 탄핵을 받고 쫓겨난 그 자리에 국민들의 촛불항쟁으로 문재인 정부를 수립했다.

나는 다시 공공기관의 공직자로서 정부정책 집행과 조직의 혁신에 앞장서 왔다. 재직했던 공공기관에서 조직의 변화와 화합을 추진했고 조직 최고의 업적과 성과를 이루어냈다.

하지만 안타깝게도 다시 윤석열 보수정권이 들어섰다. 이명박의 4대강 훼손과 박근혜의 국정농단과 더불어 윤석열 정권은 국가 전체의 위기를 더욱 강화하고 있다. 검찰독재정치를 일상화하고 편협한 외교로 국격 상실, 남북관계의 위기, 역사의 왜곡, 국민경제의 하락, 안전불감증, 불평등이 갈수록 심화되고 있다. 국가의 책임을 외면하면서 국민분열을 추구하고 있다.

윤석열 정권은 오만과 불통의 정치로 한국 정치를 퇴보시키고 있다.

자유와 정의와 민주주의 실현은 정치제도까지 안착되지 않고서는 언제든지 역사의 퇴행으로 갈 수 있다는 역사적 교훈을 우리는 윤석열 정권 아래에서 뼈저리게 체험하고 있는 중이다.

정치개혁의 출발은 국회를 바꾸는 것이고, 국회를 바꾸는 일은 국회 구성원의 대대적인 변화에서 시작해야 한다. 이미 권력과 기득권이 되어버린 사람들이 자신의 이익에 안주하여 변화와 혁신을 두려워하고 있을 때 서민과 중산층의 삶은 무너진다. 민주진보세력은 국가의 미래를 준비하고 국민의 삶을 보살펴야 함에도 국회의원이 지역토착세력이 되어 자신의 입신만 지키고 있을 때 실망한 국민은 등을 돌릴 수밖에 없다.

민주당은 불의한 권력행위와 당면한 현안에 큰소리로 투쟁하는 일도 해야 한다. 하지만 민주당이 해야 할 더 큰 일은 국가의 미래, 국민이 먹고 살아갈 중장기 대책을 준비하는 일이다.

국가의 미래 위기는 이미 코앞에 닥쳐와 있다. 점차 심화되는 기후위기에 적극 대응하면서 산업의 대전환이 절실한 시점이다. 저출산 고령화에 따른 인구절벽과 지방소멸을 극복할 대안, 빠른 속도로 전개되고 있는 4차 산업혁명을 선도하기 위한 청사진도 마련해야 한다.

'진보의 미래'를 고민했던 노무현 대통령의 질문에 대해 우리가 행동과 실천으로 응답해야 할 차례다. "우리 아이들의 미래를 위해 국가는 무엇을 해야 하는가, 어떻게 해야 세상을 바꿀 수 있는가, 힘없는 보통사람이 살기 좋은 나라는 어떤 나라인가?"

우리의 미래는 결국 우리가 생각하고 실천하는 꿈의 크기

만큼 나아간다. 자신의 삶을 사랑한다면, 우리 가족과 친구, 우리의 아이들을 사랑한다면, 우리는 함께 어깨 걸고 한 걸음 한 걸음 미래를 만들어가야 한다.

　내 삶의 현장에서 한 사람의 '깨어 있는 시민'이 되어, 스스로 '행동하는 양심'이 되어 미래의 꿈을 향해 나가자! **그것이 바로 두 분 대통령이 우리에게 물려준 유산, 민주주의다. 사람 사는 세상을 만들어야 한다.**

　노무현의 꿈, 이은희의 희망. 노무현이 꿈꾸던 사람 사는 세상, 그 꿈을 이루기 위해 나 이은희가 희망의 깃발을 높이 들겠다.
　"함께 갑시다. 사람 사는 세상으로!"